Erfolgreich gärtnern

Der Bio-Nutzgarten

Naturgemäßer Anbau von Obst und Gemüse

von
Renate Zeltner

VERLAG MARTIN GREIL GMBH

Fotos: Jenö Zeltner und Lingen Verlag
Redaktion:· Dr. Ursula Kraxner
Herstellung: Dieter Lidl

Umschlaggestaltung: R.O.S., Leonberg
Umschlagfoto: Max F. Wetterwald, Offenburg
Satz: Fotosatz Völkl, Germering
Printed in Jugoslavia

ISBN 3-89430-102-3

Inhalt

Selbstgezogen für Küche und Keller

Wer einen Garten hat und wem es nicht allein darum geht, aus diesem Garten ein Prestige-Objekt mit gepflegtem Rasenteppich, Preziosen im Rosenbeet, mit exotischen Kostbarkeiten an Bäumen und Sträuchern zu machen – dem ist ein Stück der zur Verfügung stehenden Anbaufläche für ein paar Gemüsebeete und Obstbäume sicher nicht zu schade. Im Gegenteil, morgens geerntet und mittags oder abends auf dem Tisch – da gibt es gewiß nur wenige, denen das nicht ein bißchen zusätzliche Gartenarbeit wert ist.

Und daß dieses Gemüse und Obst nicht nur frisch, sondern auch weitgehend frei von schädlichen Rückständen aus Pflanzenschutzmitteln gezogen und gewachsen ist, das ist ein weiterer, gar nicht zu unterschätzender Vorteil des Gemüsegärtchens hinterm Haus. Wer ist nicht alarmiert von den Hiobsbotschaften über Schadstoffe in der Luft, über sauren Regen und sterbende Wälder, über kranke und ausgelaugte Böden. Da möchte man zumindest im eigenen Gartengeviert nach Kräften gegenwirken und auf chemische Düngung und risikoreiche Pflanzenschutzmittel so weitgehend wie möglich, am besten ganz, verzichten.

Ein solcher Verzicht fällt nicht allzu schwer, wenn man vor Augen geführt bekommt und schwarz auf weiß nachlesen kann, wie zahlreich die Möglichkeiten sind, den Garten auf gesunde, auf biologisch angemes-

Aus dem eigenen Garten geerntet schmecken Tomaten aromatischer und kräftiger als die, die man im allgemeinen kaufen kann.

sene Weise schädlings- und krankheitsfrei zu halten, und was man alles zur Verbesserung des Bodens tun kann.

Es geht ja dem naturbewußten Hobbygärtner nicht in erster Linie um Höchsterträge, wie sie heute leider in der Landwirtschaft, oft unter wirtschaftlichem Druck, zur einzigen Maxime gemacht werden. Es geht um Freizeitbeschäftigung, um ein schöpferisches und praktisches Hobby, dessen Wert gewiß auch im Ertrag, in erster Linie aber in der Pflege der bewirtschafteten Fläche liegen sollte.

Daß daneben der geschmackliche Aspekt eine gewichtige Rolle spielt, ist selbstverständlich. Selbstgezogenes aus dem eigenen Garten schmeckt nun einmal durch seine Frische besser als steril Verpacktes aus dem Supermarkt. Und wenn man nicht nur den Salat, die Zwiebeln, die Erbsen täglich frisch ernten kann, sondern auch die jeweils dazu passenden Kräuter selbst anbaut, dann sind der kulinarischen Phantasie und dem Einfallsreichtum kaum noch Grenzen gesetzt. Außerdem kann man viele Gemüsearten und -sorten anbauen, die – wenn überhaupt – nur mit viel Geld im Feinkostgeschäft zu haben sind.

So zum Beispiel Zuckererbsen, Cocktailtomaten, Schalotten, Monatserdbeeren, Zuckerhut u. v. m. Und der Speisezettel ist im Frühling, Sommer, Herbst und Winter gleichermaßen abwechslungsreich. Und falls eine Kultur nicht gelingt, so ist das nicht weiter schlimm, da man das fehlende Obst und Gemüse immer noch am Wochenmarkt kaufen kann.

Nützlinge – der natürlichste Weg zur Schädlingsbekämpfung

Beim biologischen Gartenbau, dem sich heute aus Überzeugung immer mehr Menschen zuwenden, geht es vor allem um den Schutz und die Bewahrung der Pflanzen vor ihren zahlreichen Feinden.
Aktiver Pflanzenschutz wird heute aber nicht mehr mit der Spraydose und der Giftspritze praktiziert, sondern durch biologische Unterstützung der natürlichen Kreisläufe.
Und da steht die Förderung der Lebewesen ganz obenan, die unseren Gartenpflanzen helfen, mit Gefahren, die ihnen von ungebetenen Gästen im Garten drohen, fertig zu werden.
Es gibt eine lange Liste von Tieren – ganz kleinen und größeren, die es verdienen, daß wir ihnen in unseren Gärten optimale Lebensumstände einräumen.
Sie bedanken sich mit Schädlingsbekämpfung, wie sie wirksamer und auf lange Sicht auch umweltfreundlicher eigentlich kaum denkbar ist.

Vögel

Am beliebtesten unter allen Schädlingsvernichtern im Garten sind die Vögel, die sich auf Bäumen, Büschen, in Hecken oder auch am Boden niederlassen und mit erstaunlicher Gefräßigkeit unzählige Schadinsekten vernichten. Daß sie uns dabei auch noch mit ihrem Gezwitscher und Gesang erfreuen und so hübsch anzusehen sind, ist eine Gratiszugabe der Natur. Was ist schon – vom ästhetischen Standpunkt aus gesehen – eine höchst funktionell gestaltete Giftspritze gegen ein eifrig pickendes Meisenpärchen?
Der biologisch engagierte Gärtner tut also alles Denkbare, um die Vögel in seinem Garten heimisch und ihnen den mit Schädlingen nur allzu üppig gedeckten Tisch auch schmackhaft zu machen. Das geschieht nicht in erster Linie etwa durch reichliche Winterfütterung. Gefüttert wird nur, wenn bei extrem starkem Frost oder hohem Schnee

die Nahrungssuche der Vögel stark erschwert oder sogar unmöglich ist. Bei Tauwetter oder in milden Wintern sollte man größte Zurückhaltung bei der Fütterung üben, so hübsch es auch ist, die anfliegenden und begierig Körner und andere Leckerbissen pickenden Vögel am Futterplatz vor dem Fenster oder im Garten zu beobachten.

Wer Vögel im Winter füttern möchte, sollte das Futterhäuschen unbedingt katzensicher aufstellen. Auf ihre Futterstellen werden die Vögel bereits im November durch kleine Futtergaben aufmerksam gemacht. Vogelfutter, das gleichermaßen für Körner- als auch Weichfresser geeignet ist, läßt sich aus Schweinefett und Haferflocken oder Rindertalg und Kleie herstellen. Damit keine epidemieartigen Erkrankungen bei den Vögeln auftreten, muß der Futterplatz ab und zu gereinigt werden. Im naturnahen Garten sollte man außer fruchttragenden Sträuchern wie Felsenbirne, Hagebutte, Liguster usw. auch einige Samenstauden von Wildpflanzen stehen lassen, von denen sich viele Vögel artgemäß ernähren können.

Vogelschutz aber wird nicht nur zur Winterzeit praktiziert, vielmehr kann man vom Frühjahr an vielen nützlichen Vogelarten bei der Einrichtung eines Sommerquartiers und Nistplatzes behilflich sein.

In unseren »flurbereinigten« Landschaften und Gärten nehmen die natürlichen Nistmöglichkeiten immer mehr ab.

Viele Singvögel bauen ihr Nest frei auf Bäumen, Sträuchern, in Hecken oder sogar auf dem Boden (Freibrüter). Daneben gibt es Höhlen- und Nischenbrüter.

Den Freibrütern bietet man Gastrecht an, indem man Nisttaschen bindet, Nistquirle schneidet und Nisthaufen errichtet. Nisttaschen entstehen aus Kiefern- oder Ginsterzweigen, die in Längsrichtung an Bäumen jeder Art an beiden Enden mit Schnur oder Weidenzweigen festgebunden werden. In der Mitte zwischen den beiden Bindestellen zieht man die Zweige etwas vom Stamm ab, damit eine Lücke zwischen den Zweigen und dem Stamm entsteht. In diese so entstehende Mulde bauen die Vögel dann ihr Nest. Nisthaufen sind bis 1 m hohe Reisigstapel, die mit Draht zusammengehalten werden. Man kann sie frei im Garten aufstellen oder aber auch an einen Baum oder Strauch anlehnen. Nistquirle entstehen durch

Kohlmeisen gehören zu den eifrigsten Schädlingsvertilgern im Garten.

Rückschnitt kräftiger Gehölzäste. An der Schnittstelle treiben neue Sprossen dicht nebeneinander aus. Die daraus wachsenden Seitenäste werden immer wieder kurz zurückgeschnitten, so daß zum Schluß ein dichter Astquirl entsteht. Als idealer Platz für ein Nest bietet sich Weißdorn an, weil er gleichzeitig gegen Katzen schützt. Aber auch Hainbuche oder Wildapfel vertragen diesen Schnitt. Man kann auch Zweige von Johannisbeeren, Himbeeren, Pfaffenhütchen, Liguster, Holunder in 1 m Höhe zusammenbinden, so daß Quirle entstehen.

Dabei müssen alle Zweige des betreffenden Strauches zusammengebunden werden, weil sonst bei Wind das Nest ausein-

anderfallen und das Gelege zerstört werden kann. Durch das Zusammenbinden darf die Saftzirkulation in den Zweigen nicht behindert werden. Im Herbst wird die Bindung gelöst.
Fink, Grasmücke, Drossel, Amsel, Würger, Rotkehlchen, Zaunkönig, Girlitz, Heckenbraunelle, Mönchsgrasmücke, Gartenbaumläufer, Gartenrotschwanz, Zilpzalp und auch Bachstelze sind Freibrüter, die solche Nistangebote gern annehmen.
Ganz einfach ist es, Nisthöhlen aufzuhängen, die überall zu haben sind. Sie dienen den Höhlenbrütern als Nistplatz und Ersatz für die heute kaum noch vorhandenen Höhlen in faulen Bäumen. Meisenhöhlen haben einen Fluglochdurchmesser von 32–34 mm für Kohl-, Blau-, Sumpf-, Tannen- und Haubenmeise, Gartenrotschwanz, Trauer- und Halsbandschnäpper, Kleiber und Wendehals. Natürlich siedelt sich der Haus- und Feldsperling mit Vorliebe darin an. Gelegentlich finden sich auch Garten- und Baumläufer ein. Durch eine Verkleinerung des Fluglochs hält man zwar die Spatzen ab, aber auch Kohlmeisen und anderen Vögeln ist damit der Eingang versperrt.

Um möglichst viele Singvögel im Garten heimisch zu machen, sollte man mit Nistkästen Hilfestellung leisten.

Die Starhöhlen haben einen Fluglochdurchmesser von 46 bis 50 mm. Außer dem Star brüten darin auch Gartenrotschwanz und Wendehals, manchmal auch Buntspechte.
Der Wiedehopf braucht einen Fluglochdurchmesser von 60 bis 70 mm.
Halbhöhlen mit einem weiten Flugloch bevorzugen die Bachstelze, der Grauschnäpper, der Haus- und Gartenrotschwanz sowie das Rotkehlchen zum Brüten.
In Kästen mit senkrechten Einflugschlitzen zieht der Garten- und Baumläufer als Sommermieter ein.
Alle Nistkästen sollen in Augenhöhe an Bäumen befestigt werden, allenfalls in einer Höhe bis zu rund 3 m über dem Boden.

Die Nistkästen müssen senkrecht oder leicht vornüber hängen.
Die Öffnungen sollen von der Wetterseite abgewandt, also nach Südosten ausgerichtet und damit vor Regen und Wind geschützt sein. Bei Schlitzkästen wird der Schlitz mit der Anlegschiene an die Rinde des Baumstammes angelegt.
Wer Nistkästen aufhängt, muß sie mindestens einmal im Jahr – und zwar am besten in der Zeit von September bis November – reinigen. Dabei nimmt man die Reste des alten Nestes heraus, wäscht die Kästen gut aus und trocknet sie an der Sonne. Läßt man das alte Nistmaterial im Kasten, wird man im nächsten Jahr vergeblich auf gefiederte Gäste warten.
Katzen sind die gefährlichsten Feinde der Vögel. Das beste Mittel dagegen ist, daß man die Baumstämme, an denen Kästen hängen, mit Stachelmanschetten umlegt. Auch die Dornenzweige, die man rund um den Stamm bindet, halten Nesträuber ab und bieten damit Schutz gegen Katzen.
Wichtig ist außerdem, daß die Vögel im Garten eine Wasserstelle finden, nicht nur zum Trinken, sondern auch für ein gelegentliches Bad. 5–6 cm tief sollte ein solcher Wasserbehälter schon sein, und von einem Rand aus sollten die Vögel allmählich ins tiefe Wasser gelangen können.

Spitzmaus

Wo sich ein Igel wohl fühlt, da sind im allgemeinen auch die

Spitzmäuse ernähren sich vor allem von Larven, Schnecken und Käfern; sie gehen im nächtlichen Garten auf Jagd.

Spitzmäuse, erkennbar an ihrer langen Rüsselschnauze, zufrieden. Denn sie suchen ebenfalls Unterschlupf unter einem Reisigberg, unter einer dicken Laubschicht oder einer verwilderten Hecke. Von solchen Reservaten aus gehen sie in der Nacht an ihr Schädlingsvertilgungswerk. Sie fressen Unmengen von Larven, Schnecken, Käfern und anderen unliebsamen Insekten. Keinerlei Schaden verursachen die Spitzmäuse an den Pflanzen und legen auch keine Gänge an. Katzen fangen sie, fressen sie aber wegen ihres eigenartigen Geruchs nicht.

Igel

Die possierlichen Tiere, von denen leider alljährlich unzählige auf unseren Straßen überfahren werden, sind relativ leicht an den eigenen Garten zu gewöhnen und fast zu zähmen. Man muß ihnen nur die entsprechenden Bedingungen schaffen. Das ist nicht mit einem Schälchen Wasser oder mit Wasser verdünnter Milch getan. Man braucht im Garten auch einen sicheren Unterschlupf für den stacheligen Insekten- und Schneckenfresser. Da bieten sich ein Laubhaufen, eine dichte, nicht allzu perfekt geschnittene und begradigte Hecke oder Unterholz an, wie es ja leider aus den meisten Hausgärten verbannt ist.
Läßt man den Igel dann gewähren, ist er den ganzen Sommer über unermüdlich auf nächtlicher Jagd nach Schnecken, Engerlingen, Drahtwürmern und Raupen. Und wenn man Glück hat, beherbergt man bald eine ganze Igelfamilie und hält sich damit sogar lästige Mäuse vom Haus fern.

Maulwurf

Auch wenn seine Wühlarbeit mitunter im Garten stört, hilft der Maulwurf, im Garten viele Insekten, Larven, Puppen und Nacktschnecken zu beseitigen. Deshalb ist er unbedingt zu schonen. Er darf nur aus dem Garten vertrieben, aber nicht getötet werden.

Fledermaus

Eines dieser kleinen fliegenden Säugetiere, das nächtlicherweise auf Nahrungssuche geht, unter seinem Dach oder in einem Schuppen zu beherbergen, bedeutet einen wirksamen Verbündeten mehr im Kampf gegen alle möglichen Insekten und Pflanzenschädlinge wie Wickler und Spanner.

Wo der Igel zu Hause ist, frißt er nachts Schnecken, Insekten, Würmer, Raupen und junge Mäuse. Daß er auch Erdbeeren mag, sollten wir ihm nachsehen.

Eidechsen

Unter den Vertilgern von Schnecken und unliebsamen Insekten spielen die Eidechsen ebenfalls eine beachtliche Rolle. Besonders im Frühjahr leuchten die Flanken beim Zauneidechsenmännchen hellgrün. Man verschafft ihnen günstige Lebensbedingungen, durch Aufschichten eines Steinhaufens an einem sonnigen Platz oder mit einer besonnten Trockenmauer. Eidechsen sowie ihre Eigelege sind unbedingt zu schützen. Auch die Blindschleiche ist eine nützliche Eidechse und nicht, wie häufig angenommen, den Schlangen zuzuordnen. Sie lebt von Insekten, Nacktschnekken sowie Würmern.

Wo es im Garten ein kleines Feuchtbiotop gibt, finden sich bald auch Kröten und Frösche ein.

Kröten und Frösche

Wer Kröten in seinem Garten heimisch machen will, auf daß sie dem wenig nützlichen Kleingetier wie Schnecken und Larven zu Leibe rücken, der braucht außer einem kleinen Gartenteich oder sonstigem Gewässer, also einem funktionierenden Feuchtbiotop, auch Gartenpartien, in denen es großblättrige Pflanzen gibt. In ihrem kühlen Schatten halten sich Kröten und Frösche gern auf.

Insekten

Auch unter den Insekten gibt es eine Menge Arten, die dem naturbewußten Hobbygärtner beim Freihalten seines Gartens von Schädlingen bereitwillig Hilfestellung leisten, wenn sie nur die ihnen gemäßen Gegebenheiten vorfinden. Allen voran ist der **Marienkäfer** zu nennen, der seine Brut in Form von 15–20 Eiern an der Unterseite von Blättern ablegt; aus den gelben Eiern werden gefräßige Larven, die sich bis zu ihrer Verpuppung ebenso wie der ausgewachsene Marienkäfer von Blattläusen ernähren. Wer seinen Garten mit giftigen Insektiziden behandelt, der bringt damit natürlich auch diese wichtigen Verbündeten bei der Abwehr von Blattläusen um. Es sei denn, solche Präparate finden Verwendung, die gezielt Blattläuse vernichten und die Nützlinge doch erhalten. Marienkäfer sollten also nach Kräften gehegt werden.

Die **Florfliege** versucht wäh-

Florfliegenlarven vertilgen unermüdlich Blattläuse.

Marienkäfer sind ein Schrecken für Blattlauskolonien.

rend der kalten Jahreszeit eine warme Ritze irgendwo im Haus zu finden. Und der Gartenfreund hat allen Grund, sie gewähren zu lassen, denn die meist weniger bekannten Larven der Florfliege stillen ihren unbezähmbaren Appetit vor allem mit Blattläusen. Sie werden deshalb liebevoll »Blattlauslöwen« genannt. Erkennbar sind die grünlichen Eier der Florfliege daran, daß sie meist einzeln auf 1 cm langen Stielen abgelegt sind.

Schwebfliegen sind für den Menschen völlig harmlose Insekten. Durch ihre Ähnlichkeit mit Wespen und Bienen sind sie manchem Gartenbesitzer verdächtig. Aber keine Angst, sie stechen nicht, und viele ihrer Larven sind sogar ausgesprochene Nützlinge. Sie zählen mit den Florfliegen und Marienkäfern zu den stärksten Blattlausvertilgern, fressen aber, je nach Art, auch andere Schädlinge. Erwachsene Schwebfliegen ernähren sich von Blütenstaub und sind für die Bestäubung sehr wichtig.

Eine weitere läusevertilgende Fliegenart: die Schwebfliege.

Die meist dunkel gefärbten **Laufkäfer** jagen Insekten und deren Larven sowie Würmer und Schnecken. Zu diesen nützlichen Laufkäfern gehören Puppenräuber, Garten- und Goldlaufkäfer.

Das **Glühwürmchen** – die Larve des Leuchtkäfers – ist schon fast zur Rarität geworden; dabei ist es unermüdlich im Vertilgen von Schnecken. Es legt seine Eier in vorher leergefressenen Schneckenhäuschen ab, die man deshalb tunlichst im Garten liegenläßt, damit die gefräßige Brut möglichst vielen Schnecken im Garten den Garaus macht.

Die **Schlupfwespe** »beglückt« Blattläuse mit ihren Gelegen und sorgt auf diese Weise für die Ernährung der Brut. Ein einziges Weibchen kann in einer Saison bis zu 1000 Blattläuse unschädlich machen. Es gibt unzählige Arten von Schlupfwes-

Der Schrecken vieler Schädlinge im Garten ist die Schlupfwespe.

pen, die auf bestimmte Wirte (Blattläuse, Raupen, Schmetterlingseier u. a.) spezialisiert sind. In der biologischen Bekämpfung von Schädlingen werden bereits Schlupfwespen eingesetzt. So ist der natürliche Gegner der Weißen Fliege die Erzwespe und der des Apfelwicklers die Trichogramma-Schlupfwespe.

Es gibt absolut keinen Grund, den **Ohrwurm** oder Ohrenkrabbler zu fürchten, im Gegenteil. Er hat es viel weniger auf unsere Ohren als vielmehr auf schädliche Insekten, vor allem Blattläuse, abgesehen. Er ist ein Nachträuber und frißt auch an jungen Trieben und Blütenknospen. Man fördert ihn, wenn mit Holzwolle gefüllte Blumentöpfe mit der Öffnung nach unten in die Bäume gehängt werden.

Auch die **Spinnen** in Haus und Garten werden ganz zu Unrecht gefürchtet und verfolgt. Mit Hilfe ihrer kunstvollen Netze gehen die meisten auf Jagd nach Blattläusen und anderem schädlichen Kleingetier.

Der Boden – ein wichtiger Faktor im biologischen Nutzgarten

Im Boden wurzeln die Pflanzen, aus ihm beziehen sie die für das Wachstum notwendigen Nährstoffe und das lebensnotwendige Wasser. Eine den Bedürfnissen der Pflanzen entsprechende Bodenbeschaffenheit ist also das A und O des Gärtnerns. Sie ist von den physikalischen, chemischen und biologischen Eigenschaften des Bodens abhängig.

An der Bodenbildung sind das Ausgangsgestein, Klima, Pflanzen- und Tierwelt maßgeblich beteiligt. Bei der Bildung des Bodens findet ein ständiger Neuaufschluß, also Ersatz verbrauchter Nährstoffe, statt.

Außer dem Gestein spielt natürlich die organische Substanz eine Hauptrolle. Diese setzt sich zusammen aus der lebenden Bodenflora und -fauna und abgestorbenen Substanzen. Die organische Substanz ist die Grundlage des Lebens der Bodenorganismen. Sie verbessert außerdem die physikalischen und chemischen Bodeneigenschaften. Eine ausreichende Humusschicht hält die Nährstoffe fest, bewahrt sie vor Auswaschung in den Untergrund und verbessert die Durchlüftung des Bodens. Unzählige Bakterien tun in jedem Kubikzentimeter Boden ihr nützliches Werk. Hinzu kommen riesige Mengen von Pilzen, Algen und Tieren, von den Einzellern bis zu den Regenwürmern. Diese Lebewesen im Boden brauchen zu ihrem Lebenserhalt entsprechende Feuchtigkeit, Wärme sowie ausreichend Luft.

Durch die Atmung der Pflanzenwurzeln und der Bodenlebewesen wird der Sauerstoffgehalt der Bodenluft reduziert, der Kohlendioxidgehalt steigt an. Das vom Boden abgegebene Kohlendioxid brauchen die Pflanzen zu ihrem Kohlenhy-

Folgende Doppelseite: ***Umweltschutz:*** *Durch Einwirkung des Menschen ist das Zusammenwirken von Tieren und Mikroorganismen zur Erhaltung des ökologischen Gleichgewichts bereits empfindlich gestört.*

drataufbau. Im Boden entsteht Kohlensäure, die den Säuregehalt des Bodens absenkt und dabei wertvolle Nährstoffe aufschließt oder im Austausch zur Verfügung stellt. Je feuchter oder je stärker verdichtet der Boden ist, desto mehr wird die Durchlüftung behindert. Bei Luftmangel kommt es zu Fäulnis des organischen Materials, die Wurzeln können nicht atmen, und ihre Wasser- und Nährstoffaufnahme ist gestört.

Die Bodenlebewesen sind es, die bei ausreichendem Luftzutritt die zum Gedeihen der Pflanzen notwendigen Mineralstoffe, die in Humusstoffen festgelegt sind, so aufschließen, daß sie von den Pflanzen aufgenommen werden können. Darauf beruht zu einem großen Teil die Fruchtbarkeit unserer Böden.

Würde man das, was der Boden an Pflanzen hervorbringt, nicht abernten, so könnten nachfolgende Kulturen die nötigen Nährstoffe von den abgestorbenen Pflanzenteilen beziehen, Düngen wäre überflüssig. Durch die Ernte aber wird ein Teil der in den Pflanzen enthaltenen Nährstoffe dem natürlichen Kreislauf entzogen. Deshalb ist es unerläßlich, daß der Gartenboden immer wieder mit Kompost, organischen Düngemitteln, Gründüngungspflanzen und Ernterückständen verbessert wird.

Bodenuntersuchung im Garten

Die wenigsten Gartenbesitzer wissen über die Nährstoffverhältnisse in ihrem Gartenboden Bescheid. Meistens macht man sich über die Ursachen erst dann Gedanken, wenn man feststellt, daß das Wachstum im Garten nachläßt. Gehen die Mindererträge auf Luftarmut, Bodenverdichtung, auf zu saure Bodenreaktion oder auf mangelhafte Versorgung mit Nährstoffen zurück? Um festzustellen, welcher Grund vorliegt, bedarf es einer Bodenuntersuchung im Labor. Eine solche Bodenprobe ist auch angezeigt, bevor man überhaupt mit der Kultivierung eines Stückes Gartenland anfängt oder wenn man die Neupflanzungen, z. B. von Obstbäumen, vorhat. Die zuständigen Gartenbauämter und die Landwirtschaftskammern nennen die Anschriften von Untersuchungsanstalten.

In der Regel wird man durch eine Standarduntersuchung über folgende Daten informiert: pH-Wert, Kalkbedarf, Gehalt des Bodens an Kali,

Ist der Boden nicht in Ordnung, kommt es zu Nährstoffmangelsymptomen. Manganmangel bei Brombeeren (im Bild) läßt sich durch NPK(Stickstoff = N, Phosphor = P, Kalium = K)-Düngung beheben.

Phosphor, Magnesium. Mit höheren Kosten ist zu rechnen, wenn man Spurenelemente, Schwermetalle und den Humusgehalt zusätzlich bestimmen läßt. Der Stickstoffgehalt wird meist nicht ermittelt, weil die Werte starken Schwankungen unterliegen. Wer aber darauf nicht verzichten will, sollte ihn in der ersten Jahreshälfte bestimmen lassen.

Anzustrebende Werte im Gartenboden sind:

ph-Wert	Phosphor	Kali	Magnesium
in mg/100 g Boden			
6–7	15–25	15–25	10–15

Für die Laboruntersuchungen müssen Bodenproben des betreffenden Gartens genommen werden, aber natürlich nicht von einer Stelle. Wenn sie über das ganze Gelände eine Aussage ermöglichen sollen, braucht man mindestens (je nach Größe der Fläche) 10–20 Proben, jede aus einem anderen Teil des Gartens.

Die Proben werden, wenn kein Bohrstock vorhanden ist, mit

dem Spaten entnommen. Man sticht mit dem Spaten ungefähr 25 cm tief in den Boden und hebt jeweils ein zwei Spatenstich tiefes Loch aus; am Rande des Loches wird dann von oben nach unten eine dünne Bodenschicht abgekratzt, mindestens 2 Löffel je Spatenstich, und in einem sauberen Eimer gesammelt. Ebenso wird an allen weiteren bezeichneten Stellen Boden entnommen, und zum Schluß werden alle Proben zusammengeschüttet, gemischt und abgefüllt.

Man braucht insgesamt nicht mehr als 500–750 g Boden einzuschicken.

Die günstigste Zeit für die Bodenentnahmen ist die Zeit zwischen Herbst und Frühjahr, also die Jahreszeit, da die Vegetation ruht. Meistens genügt eine einmalige Untersuchung. In besonderen Fällen kann es notwendig sein, solche Bodenproben alle 3–5 Jahre zu wiederholen. Denn gerade Kleingärtner versorgen ihre Flächen mit zuviel Nährstoffen. Überdüngung mit Phosphor ist an der Tagesordnung. Meistens geben die untersuchenden Labors mit dem Ergebnis auch gleich nützliche Ratschläge für die Düngung. Es ist nun Sache des Biogärtners, die etwa fehlenden Nährstoffe auf organische Weise zuzuführen.

Die pH-Wert-Bestimmung kann von jedem Gartenbesitzer selbst mit Meßgeräten vorgenommen werden, die in Gartenartikelgeschäften zu haben sind.

Vom Umgang mit dem Boden

Es hat keinen Sinn, sich mit der Pflanzung und Gestaltung des Gartens zu befassen, bevor nicht buchstäblich der Boden bereitet und damit die Basis für erfolgreiches Gärtnern gelegt ist. Unter unzureichender Bodenvorbereitung hat später all das zu leiden, was auf diesem Boden gedeihen und Früchte tragen soll. Was hier versäumt wird, läßt sich später kaum wiedergutmachen. Wenn es um die Neuanlage eines Gartens geht, der vor, hinter oder rund um ein neugebautes Haus angelegt werden soll, wird eine auf dem Baugrundstück vorhandene Grasschicht getrennt von dem Mutterboden des gesamten Vorgartens und der Baugrube bis auf 25 cm Tiefe abgehoben und beide separat hinter der Baustelle in sauberen Erdhaufen von 1,50 m Höhe aufgesetzt. Man muß Sorge tragen, daß diese vom Baugeschehen völlig abgeschirmt sind und nicht Schutt, Steine und Zementreste über das ganze Grundstück verbreitet werden; andernfalls muß man den Boden später wieder sorgfältig davon säubern. Ein Aufbringen von Mutterboden auf das verunreinigte Grundstück ist völlig nutzlos. Die Pflanzenwurzeln könnten in dem noch dazu von Baufahrzeugen und Materiallagerungen festgewalzten Boden darunter nicht gedeihen. Nach dem Säubern sind die verdichteten Flächen vor dem Aufbringen des Mutterbodens zu lockern. Bei kleinen Gärten können alle späteren Pflanz- und Rasenflächen umgegraben werden, am besten mit der Hand, damit man auch ausdauernde Unkräuter wie Quecken, Disteln, Winden absammeln kann. Bei größeren

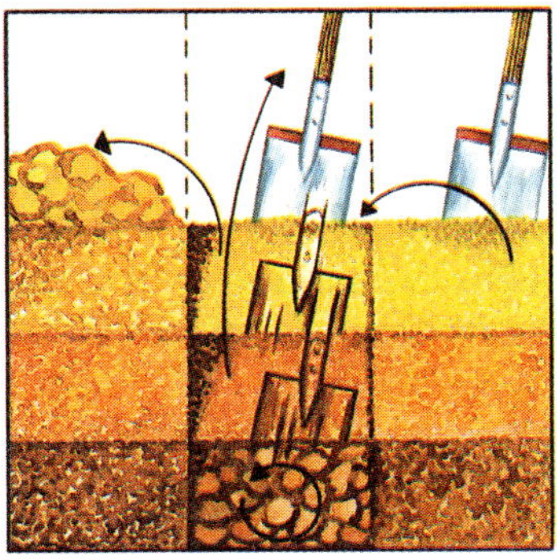

Erstmals kultivierten Boden muß man rigolen, d. h. dreispatentief umgraben.

Flächen sollte man spezielle Firmen des Garten- und Landschaftsbaus damit beauftragen. Für die Anpflanzung von Sträuchern muß der Boden, wenn er durch Baumaschinen extrem festgefahren, also verdichtet ist, 40–50 cm tief gelockert, »geholländert« oder »rigolt« werden. Für Bäume sind Pflanzgruben von mindestens 80 cm nötig. Alle Flächen, die mit einjährigen Pflanzen bestellt werden (z. B. Sommerblumen, Gemüsebeete), brauchen eine Humusschicht von 50 cm. Man kann sie umgraben, und wenn dabei natürlicher Dung eingebracht wird, soll dieser gleichmäßig auf die Grabefurchen verteilt werden. Nur dann verbindet er sich ausreichend mit der Erde.

Bei großer Trockenheit, aber auch nach anhaltenden Regenfällen zu graben ist unsinnig. Im ersten Fall trocknet der Boden noch mehr aus, im zweiten Falle verklebt er und wird nachher fest wie Stein. Frühjahr und Herbst sind die günstigsten Zeitpunkte, wobei der Herbst vorzuziehen ist, weil dann im Winter der Frost die Lockerung des Bodens, besonders bei schweren Lehmböden, weiter fortsetzen kann. Das Land wird dann im Frühjahr vor der Bestellung nur noch abgeharkt. Im biologischen Land- und Gartenbau geht man heute gänzlich von dem früher üblichen jährlichen Umgraben der Gemüsebeete ab (außer wenn man es mit extrem schweren Böden zu tun hat). Statt dessen wird der Boden nur aufgelockert (mit einem Krail oder mit dem Sauzahnwühler), ohne die einzelnen Bodenschichten durcheinanderzubringen. So stört man nicht die Aktivität der Bodenlebewesen, sondern fördert sie sogar. Eine Grabgabel erweist sich als besonders nützlich bei der Gartenbearbeitung, mit ihr kann man den Boden schonend lockern und lüften.

Damit der Boden besser wird

Man kann eine Menge tun, um den Gartenboden aufzuwerten und damit den Nutzpflanzen günstigere Lebensbedingungen zu bieten. Sandiger Boden kann

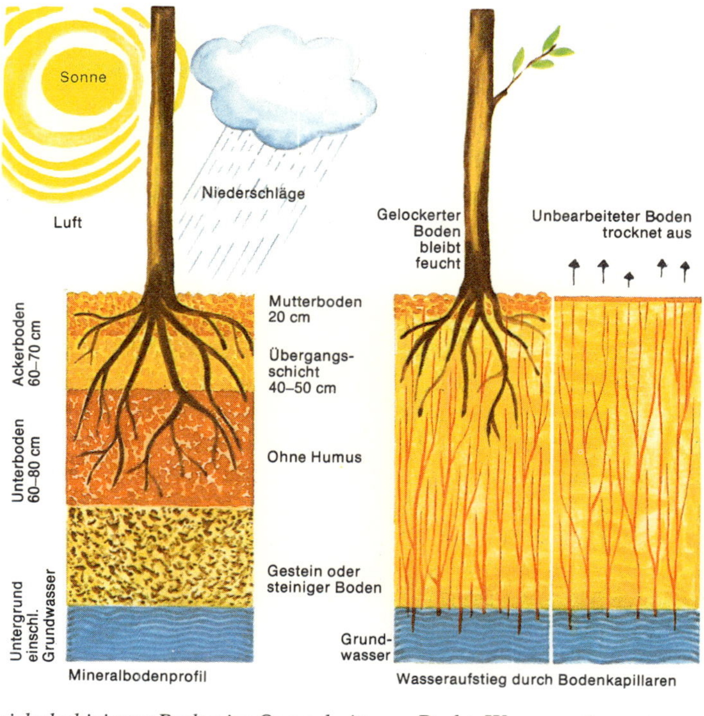

So sieht kultivierter Boden im Querschnitt aus. Rechts Wasseranstieg.

Gründüngung hilft den Boden verbessern.

durch Zugabe organischer Substanz (Kompost, Torf, Lehm, Ernterückstände, Gründüngungspflanzen, Stallmist) so verändert werden, daß auch er mit der Zeit weniger leicht austrocknet, also mehr Wasser in seinen Poren hält. Schwere Böden werden durch dieselben Zugaben und durch Hinzufügen von Sand lockerer.
Darüber hinaus gibt es eine Reihe von Möglichkeiten, die Bodenstruktur günstig zu beeinflussen.

Gründüngung

Oberstes Gebot eines Biogärtners ist es, kein Beet im Garten unbedeckt der Witterung auszusetzen. Gründüngungspflanzen helfen, den Boden enorm zu verbessern. Es werden rasch wachsende Pflanzen angebaut,

Gründüngungspflanzen		
Pflanzenart	*Saattermin*	*Saatgutbedarf* (g/m^2)
Einjährig, abfrieren		
Phacelia	bis August	1–2
Felderbsen	bis Mitte August	18
Ölrettich	bis August	3
Senf	bis Ende August	2
mehrjährig, überwintern		
Winterwicken	bis Ende August	20
Winterroggen	bis Oktober	18

die viel Grünmasse produzieren. Die nicht winterharten Pflanzen frieren beim ersten stärkeren Frost ab, die überwinternde Gründüngung wird im Frühjahr abgeschnitten und untergearbeitet. Gerade bei Gartenneuanlagen aktiviert Gründüngung den stark beanspruchten Gartenboden. Im Gemüsegarten kann man entweder nach der Ernte im Spätsommer oder auch mal zwischendurch als Kulturfolge Gründünger einsäen. Durch die Beschattung des Bodens wird ein günstiges Bodenklima geschaffen, der Boden bleibt feucht, und die Aktivität des Bodenlebens wird gesteigert. Nitrat wird nicht ausgewaschen und kommt den Pflanzen zugute. Mit den sehr tief wurzelnden Pflanzen wie Lupine, Sonnenblume und Rotklee wird der Boden tiefgründig verbessert. So braucht man den Boden von Hand nicht mehr zu lokkern. Zum optimalen Pflanzenaufwuchs sollte anfänglich etwas Stickstoff gegeben werden.

Für welche Pflanzenart sollte man sich nun entscheiden? Am besten bewährt hat sich ein Gemenge aus verschiedenen Pflanzen. Durch die starke Nachfrage gibt es mittlerweile kleine Portionen solcher Gemenge im Handel. Kurze Kulturdauer haben Gelbsenf, Felderbsen und Ölrettich. Sie lassen sich vor, zwischen und nach den Kulturen anbauen.

Ernterückstände

Sie können kompostiert werden, eignen sich aber ebensogut zur Bodenabdeckung. Natürlich sieht das nicht so ordentlich aus, wenn nach dem Abernten der roten Bete oder Erbsen die Blätter auf dem Boden liegenbleiben. Aber wichtiger als Ordnung im Garten ist die Gesundheit des Bodens. Besonders für leichte Böden ist das flache Einarbeiten der Ernterückstände im Herbst vorteilhaft. Nur die Pflanzenteile, die mit Schädlingen oder Krankheiten befallen sind, darf man auf keinen Fall untergraben.

Das beste aller Mittel aber ist neben der sorgfältigen Bearbeitung eine sinnvolle biologische Düngung.

Die Wirkung der Hauptnährstoffe

Im Boden haben die Pflanzen nicht nur ihre Wurzeln und gewinnen so die nötige Standfestigkeit, sondern aus ihm holen sie auch einen großen Teil der Nährstoffe, die in ihm enthalten sind. Zu den für Entwicklung und Wachstum der Pflanzen notwendigen Hauptnährstoffen gehören Stickstoff, Kali, Phosphorsäure, Magnesium und Kalk. Stickstoff ist wichtigster Bestandteil der Eiweißstoffe. Alle Pflanzen mit reichem Laubkleid benötigen viel *Stick-*

Gehört zu den besten Düngemitteln: Mit Stroh versetzter Kuhmist. Aber nicht allzu hohe Gaben in kurzem Zeitraum einarbeiten.

stoff. Er muß während der Wachstumszeit in leicht löslicher Form den Pflanzen zur Verfügung stehen. Mangelnde Stickstoffversorgung läßt die Pflanzen verkümmern, die Blätter sind dann hellgrün gefärbt. Zuviel Stickstoff zu einem Zeitpunkt, da die Vegetationsperiode sich bereits ihrem Ende zuneigt, also im Herbst, verhindert die Reife der Gehölztriebe, so daß sie im Winter leicht erfrieren. Bei Fruchtgemüsen verzögert sich die Blütenbildung. Allgemein sind die Pflanzen für Schädlinge und Krankheiten anfälliger. Im Hinblick auf unsere Umwelt sollte die Stickstoffdüngung genau dosiert werden. Schließlich wird der Stickstoff, wenn ihn die Pflanzen nicht aufnehmen können, als Nitrat in das Grundwasser ausgewaschen. *Kali* ist für den Wasserhaushalt wichtig. Es steigert die Haltbarkeit, die Frostresistenz durch besseres Ausreifen des Pflanzengewebes und fördert die Qualität der Ernteprodukte. Stärke und Zucker werden bei optimaler Kali-Ernährung verstärkt gebildet. Die meisten Gartenböden sind mit Kali ausreichend versorgt. *Phosphor* wird für Blüten-, Frucht- und Samenbildung dringend benötigt. Außerdem spielt Phosphor beim Aufbau des Eiweißes, bei der Abreife der Kulturpflanzen und der Ausreife des Holzes eine wichtige Rolle. *Magnesium* wird für den grünen Farbstoff Chlorophyll gebraucht und fördert den Kohlenhydrat- und Eiweißaufbau. Bei Magnesiummangel entstehen Aufhellungen zwischen den Blattadern. Magnesiummangel ist im Gegensatz zu Kali- oder Phosphormangel gar nicht so selten. In Verbindung mit einer Kalkung sollte man dem Boden Magnesium zuführen. *Kalk* wirkt einerseits der Bodensäure entgegen und ist andererseits als Nährstoff wichtig. Im Pflanzengewebe selbst dient er zur Festigung, fördert die Wurzelbildung und den Aufbau von Kohlenhydraten. Die für Kalziummangel typischen Symptome sind die Stippigkeit bei Äpfeln, die Blütenendfäule bei Tomaten und die Kranzfäule bei Endivien. Dabei handelt es sich um eine Ernährungsstörung, da im Boden genug Kalzium vorhanden wäre. Zur Bodenverbesserung reicht eine Kalkung alle 2–3 Jahre aus. Alljährlich die Gemüsebeete zu kalken wäre des Guten zuviel! Am besten bringt man den Kalk im Herbst auf die Beete aus. Ca. 150–200 g kohlensaurer Kalk/m^2 reichen

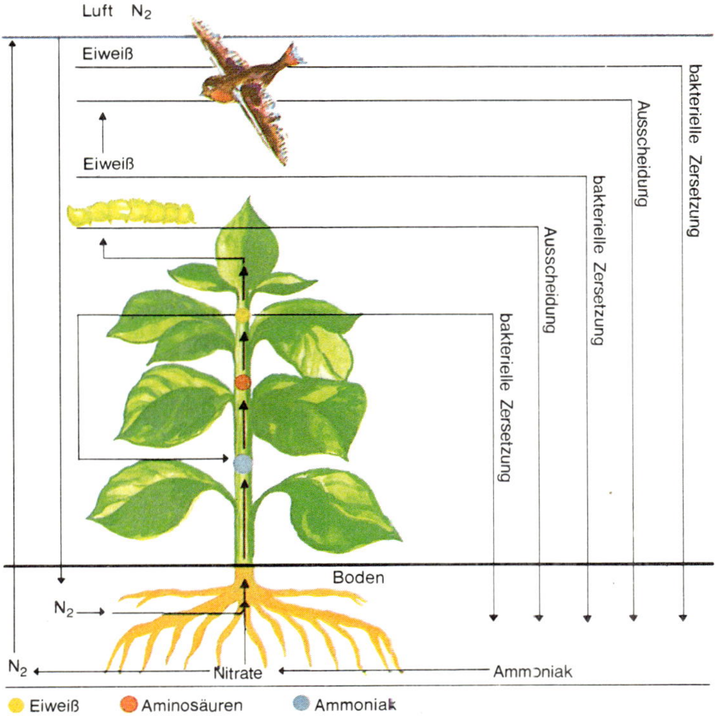

Stickstoffkreislauf; die Versorgung der Pflanzen muß gesichert sein.

aus. Auf schweren Böden streut man bei trockenem Herbstwetter etwa 100–150 g Branntkalk/m² und arbeitet ihn leicht unter die Oberfläche ein.

Weiterhin benötigen die Pflanzen Eisen, Mangan, Bor, Kupfer, Zink, Molybdän, Kobalt. Nur wenn ihnen diese Spurenelemente in ausreichender Menge zur Verfügung stehen, können die Pflanzen gesund und widerstandskräftig gegen Schädlinge heranwachsen.

Fruchtbarer Boden

Gesunder Boden besitzt nicht nur eine gute Struktur, viele Nährstoffreserven und mobile Nährstoffe, sondern enthält auch ausreichend organische Substanz, den Humus. Mit Hilfe des Sonnenlichtes produzieren alle Pflanzen organische

Substanz in Form von Wurzeln, Stengeln, Blättern sowie Blüten und Früchten. Nach der Vegetationsperiode, wenn bei den Einjährigen die gesamte Pflanze abstirbt, von den Bäumen das Laub abfällt, Blüten verblühen, dann werden solche abgestorbenen Teile am und im Boden durch die dort befindlichen Pilze, Bakterien und tierischen Kleinstlebewesen zu Humus zersetzt. Ein solcher Kreislauf, während dem aus verbrauchter Substanz sozusagen Nährboden für die nächste Pflanzengeneration entsteht, ist für den Boden lebensnotwendig. Bei der Umwandlung werden die für den Pflanzenaufbau unentbehrlichen Nährstoffe, Stickstoff, Phosphor, Kali u. a., und das für die Photosynthese notwendige Kohlendioxid frei. Leicht umsetzbares Material, bei dessen Abbau rasch pflanzenverfügbare Nährstoffe entstehen, bezeichnet man als Nährhumus. Außerdem bekommt der Boden durch den Dauerhumus das für alle Lebensvorgänge erforderliche günstige Gefüge, ohne daß eine ausreichende Versorgung der Pflanzen mit Nährstoffen und Flüssigkeit nicht sichergestellt wäre. Diese mikrobiell schwer abbaubaren Stoffe bilden den Dauerhumus. Da dem Boden durch Wachstum und Erhaltung der Pflanzen permanent Nährstoffe entzogen werden, sind diese durch Düngung zu ersetzen. Deshalb ist es unerläßlich, dem Boden auch den abgebauten Humus und immer wieder organische Substanzen zur Humusbildung (Stalldung) oder fertigen Humus (Kompost) zuzuführen. Eine Düngung allein mit Mineralsalzen, unter Verzicht auf ausreichenden Humusnachschub, zerstört das Bodengefüge.

Im allgemeinen wird der Boden mit der Zeit sauer durch Auswaschung als Folge von Regen, Schnee und Gießwasser, aber auch durch den Nährstoffentzug der Pflanzen. Eine Verwendung von sauer wirkenden Mineraldüngern kann die Bodensäure ebenfalls steigern.

Es ist für den Gartenbesitzer wichtig zu erfahren, ob der Boden, auf dem er Nutzpflanzen heranziehen und von dem er lohnende Erträge erwirtschaften möchte, sauer oder alkalisch (basisch) reagiert. Die auf dem Boden wachsenden »Unkräuter« geben die erste Auskunft darüber. So zeigen kleiner Sauerampfer und Ackerspörgel saure Bodenreaktion an. Genaue Information bekommt man, wenn man eine Boden-

probe an die nächste Bodenuntersuchungsanstalt schickt. Mit einem pH-Indikator-Papier kann man den Säuregrad des Bodens auch selber messen. Sicher, die Mineraldüngung mit Volldüngern, wie sie im Handel angeboten werden, ist der bequemste Weg, den Mineralstoffverlust des Bodens auszugleichen, aber er ist für den biologischen Gärtner gewiß nicht der natürlichste. Nicht umsonst ist nach der Düngemitteleuphorie der letzten zwei Jahrzehnte der Nitratgehalt im Grundwasser enorm gestiegen. Einen Vorteil des mineralischen Düngens, seine bessere Dosierbarkeit, darf man aber nicht unerwähnt lassen.
In einem biologischen Nutzgarten finden natürlich nur organische Düngemittel Verwendung, aber auch mit ihnen muß man lernen, richtig umzugehen.

Natürlich düngen

Organisch gedüngt wird nicht nur, um die im Garten angebauten Pflanzen zu ernähren, sondern vor allem, um den Boden, der ja buchstäblich die Grundlage allen Wachstums ist, die notwendige Pflege angedeihen zu lassen. Die Bodenlebewesen sollen durch das Düngen gestärkt und aktiviert werden. Sie müssen den Dünger aufbereiten und den Pflanzen zuträglich machen. Optimale Dünger sind deshalb Kompost, Stallmist, aber auch Horn-, Knochen- und Blutmehl sowie Peru-Guano. Algenkalk und Basaltmehl dienen der Versorgung des Bodens mit Spurenelementen und Mineralstoffen; sie regen zudem die Mikroorganismen im Boden an. Die Hauptdüngung des Gartens im Frühjahr sollte auf folgende Weise erfolgen. Nach der Auflockerung des Bodens mit dem Krail oder Sauzahn wird eine ca. 1 cm starke Schicht Kompost aufgebracht. Dazu kommen organische Dünger (Horn-, Knochen-, Blutmehldünger), Basaltmehl und Algenkalk. Im Laufe des Sommers kann eine Nachdüngung der bereits abgeernteten Beete vor ihrer Neubestellung mit Kompost nötig sein. Torf ist kein Dünger, wie oft fälschlicherweise angenommen wird. Er lockert und durchlüftet den schweren Boden und verbessert den Wasserhaushalt. Aber es gibt auch Torfmischdünger, die mit Nährstoffen, ja sogar mit Spurenelementen angereichert sind. Torf sollte, wenn überhaupt, nur sehr sparsam im biologischen Garten verwendet werden. Durch Torfstich gehen wertvolle Moorflächen verloren, die sich nicht erneuern lassen. Außerdem gibt es für den Biogärtner eine Reihe anderer Möglichkeiten, seinen Boden zu verbessern. Der auf biologische Weise gedüngte Boden ist – das ist ein besonders erfreulicher Nebeneffekt – viel weniger durch Schädlingsbefall bedroht. Denn Schädlinge machen sich ja bei ungünstiger Witterung nur an Pflanzen heran, deren Widerstandskraft geschwächt ist durch falschen Standort, unharmonische Düngung, schlechte Bedingungen für die Bodenlebewesen, falsche Sortenwahl. Obstbäume erhalten im Herbst eine 2–3 cm dicke Schicht aus organischem Material; im Frühjahr tut eine Schicht Grasschnitt gute Dienste, oder man deckt eine Schicht Laub auf die Baumscheibe.

Mulchen, fast ein Zauberwort

Die Bedeckung mit Rasenschnitt, sämtlichen anfallenden grünen Pflanzenteilen, die keine Samen aufweisen, aber auch mit abgeschnittenen, gehäckselten Zweigen, Stroh, Rinde, halbgarem Kompost u. a. schützt den Boden vor dem Austrocknen und verbessert ihn. Man nennt eine solche Bodenauflage Mulch; er hält den Boden feuchter und die Temperatur gleichmäßiger, aber im Frühjahr auch kühler. Deshalb sollte man in kälteren Gegenden bei Tomaten und Gurken, die einen warmen Boden lieben, erst später mulchen. Andere Pflanzen aber reagieren sehr gut darauf. Durch Mulchen fördert man nicht nur die Bodengare, auf der die Fruchtbarkeit des Bodens beruht, sondern erleichtert dem Gärtner auch seine Arbeit; gemulchter Boden braucht nicht gehackt

Durch Mulchen wird das Auswaschen des Bodens verhindert. Im Bild: Erdbeeren gemulcht.

Hauptnährstoffe und Spurenelemente			
Element	*Wirkung*	*zuviel Dünger*	*zuwenig Dünger*
Stickstoff	Er ist der »Pflanzenmotor« für das allgemeine Wachstum: das wichtigste Element für den Aufbau der Eiweißverbindungen	Starker Wuchs, aber schwache Blüten- und Fruchtbildung, Verbrennungen	Blätter werden grüngelb, Wuchs bleibt zurück
Phosphor	Fördert Knospenbildung, Reife und Samenansatz. Auch beim Stoffwechsel spielt Phosphor eine Rolle	Die Pflanze kann kein Eisen, Zink und Kupfer mehr aufnehmen	Weniger Ertrag, schlechte Wurzelbildung, Blätter rostbraun bis violett
Kali	Wichtig für den Wasserhaushalt	Kann zu Magnesiummangel führen	Blätter werden braun und vertrocknen. Die Pflanze stirbt ab
Magnesium	Wichtig für den Aufbau der Zellen und für die Bildung des Blattgrüns	Senkt Aufnahme von Kalium	Chlorose
Eisen	Eisen ist für die Atmung der Pflanzen nötig. Notwendig für Aufbau von Chlorophyll und Eiweiß		Die Blattnerven sind nur noch als grünes Netzwerk sichtbar
Mangan	Unentbehrlich zur Bildung von Chlorophyll	Führt zu Eisenmangel	Fleckigkeit der Blätter
Kupfer	An Photosynthese und Chlorophyllaufbau beteiligt		Chlorotische Erscheinungen jüngerer Blätter
Bor	Besonders notwendig für die Triebspitzen	Nekrotische Flecken	Absterben der Knospe, rotbraune Blattfärbung, gehemmter Wuchs
Zink	Wichtig für den Wuchs		Bei Kern- und Steinobst: Kleinblättrigkeit
Molybdän	Wichtig für den pflanzlichen Stoffwechsel		Junge Blätter verkrüppelt, vor allem bei Blumenkohl und Brokkoli

Gurken mit Stroh abgedeckt. Strohmulch fördert gleichmäßige Feuchtigkeit.

oder aufgerauht zu werden. Außerdem bietet er dem Unkraut weniger Angriffsfläche. Viele Biogärtner schwören darauf, daß eine Abdeckung mit halbverrottetem Kompost durch die hohe biologische Aktivität die denkbar beste Ernährung der Pflanzen gewährleistet – und damit natürlich guten Ertrag. Das Aufbringen einer Mulchschicht empfiehlt sich vor allem unter höheren Pflanzen, Beerensträuchern und Bäumen, tut

Zusammensetzung von Humusdünger (Auswahl)

	organische Substanz %	**Stickstoff** %	**Phosphor** %	**Kali** %	**Kalk** %	**Magnesium** %
Blutmehl	75–85	10–13	1	0,7	0,8	–
Hesa Rasendünger	50	6,5	2	2,5	–	1
Cofuna	50	1	–	–	–	–
Hornmehl	80	10–14	5	–	6	–
Hornoska	45	7	5	8	–	1,5
Hornoska Spezial	45	8	5	8	–	1,5
Hornspäne	80	14	–	–	–	–
Huminal A	35	2	–	–	–	–
Huminal B	35	2	1	1,5	5	0,2
Kama Orga	50	8	7	10	–	–
Knochenmehl gedämpft	50	4	20	2	–	–
Super Manural	35	1,5	1	1,4	–	0,2
Nettolin	35	3	2	4	15	–
Peru-Guano	–	6	12	2	–	3
Polyhum	50	1	–	–	–	–

Wie im Wald ist auch im Garten Laub ein vorzügliches Mulchmaterial.

aber auch den Gemüsepflanzen gut. Eine solche Schicht kann bis zu 10 cm dick sein.

Ein Kapitel für sich: Kompost

Alle organischen Abfälle aus Haus und Garten finden im Komposthaufen Verwendung: Gemüse- und Küchenabfälle, Grasschnitt, Laub, Unkraut (noch vor der Blüte), Stroh, welke Blumen, Reste der abgeernteten Beete usw.

In einem windgeschützten, halbschattigen Winkel des Gartens wird der Platz für den Komposthaufen vorbereitet. Wer Platz genug in seinem Garten hat, kann auf einen Kompostbehälter verzichten, in dem die Abfälle auf relativ kleinem Raum zusammengehalten werden. Für einen herkömmlichen Komposthaufen, der den Bedarf des Gartens an Humus deckt, rechnet man nämlich etwa 10 Prozent der Fläche des gesamten Gartens. Zu ebener Erde werden in einer Breite von etwa 1,50 m und in gewünschter Länge in Abschnitten von mindestens 1 m die Abfälle gelagert. Dabei muß darauf geachtet werden, daß die Schichten locker liegen, damit Luft und Feuchtigkeit die gesamte Masse durchdringen können. Nach oben verjüngt sich der Haufen auf 0,8–1 m und sollte nicht höher als 1,20 m sein.

Häufig herrscht im Innern des Komposthaufens zu große Feuchtigkeit, während die Ränder und die Oberseite des Haufens trocken sind; erstrebenswert ist aber eine gleichmäßige Durchfeuchtung und Durchlüftung. Die Zersetzung der Kompostmassen wird so wesentlich gefördert.

Man kann als Grundlage für den Haufen eine Schicht Staudenstengel und zerkleinertes Schnittholz von Bäumen und Sträuchern einbringen. So erreicht man, daß sich die Feuchtigkeit im Innern nicht staut, sondern in den Boden abziehen kann; außerdem kommt Luft an das verrottende Material. Darüber werden in Lagen von ca. 20 cm die Abfälle aufgeschichtet, und zwar abwechselnd nasses und grobes, trockenes und feuchtes Material. Es empfiehlt sich, Zwischenschichten von angerottetem Kompost oder Erde zuzugeben; außerdem kann je Kubikmeter ein halbes Kilogramm gemahlener kohlensaurer Kalk gegeben werden, doch ist das nicht unbedingt erforderlich. Bei großen Mengen schwer zersetzbarem Material, wo also wenig Stickstoff (N) und viel Kohlenstoff (C) vorhanden ist, kann der Rotteprozeß durch Zugabe von stickstoffhaltigen Düngemitteln (Horn- oder Blutmehl) beschleunigt werden. Man spricht in diesem Zusammenhang von einem weiten C:N-Verhältnis. Hier brauchen die Mikroorganismen den Stickstoff noch für ihren eigenen Stoffwechsel, so daß der Stickstoff noch nicht pflanzenverfügbar ist. Bei einem C:N-Verhältnis enger als 25 braucht man keine Stickstoffzusätze mehr zu geben. Da dauert die Verrottung sowieso nicht so lange.

Das Kohlenstoff-Stickstoff-Verhältnis (C:N) organischer Stoffe

Material	*C:N*
frische Gartenabfälle	7:1
Rasenschnitt	12:1
Küchenabfälle	23:1
Laub	50:1
Weizenstroh	125:1
Sägemehl	500:1

Das Ganze wird dann mit einer dünnen Schicht fertigem Kompost und Rasenschnitt zugedeckt. Der im Herbst aufgesetzte Kompost ist im Frühjahr auf die Hälfte der Masse zusammengesackt. Er wird nur dann

Behälter aus Kunststoffplatten (verschiebbar)

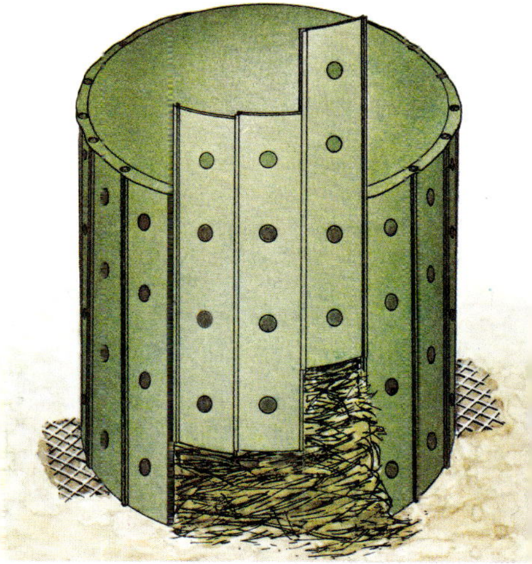

Behälter aus Holzplatten (gekerbt)

Kompostbehälter halten Ordnung. Wenn für einen Komposthaufen der Platz nicht reicht, können Sie auch mit einem dieser Behälter gute Ergebnisse erzielen.

umgesetzt, d. h., neben dem Komposthaufen kommt jetzt das Oberste nach unten und umgekehrt, wenn die Rotte nicht ordnungsgemäß abläuft. Das ist meist bei zuviel Feuchtigkeit der Fall. Teile, die noch nicht verrottet sind, sollten dabei zerkleinert und möglichst in der Mitte des neuen Haufens gelagert werden. Trockenes Material wird mit feuchtem vermischt. Mit der Grabgabel oder Mistforke wird alles hin und wieder aufgelokkert, damit Luft eindringen kann. Ein paar Wochen später wird der Kompost gebrauchsfertig sein.

Ein richtig aufgesetzter und gepflegter Komposthaufen stinkt nicht. Er darf nur nicht in einer Senke angelegt sein, weil dann der Luftzutritt von allen Seiten unmöglich ist. Auch ein seitlich geschlossener Behälter verhindert eine solche Zirkulation. Es ist selbstverständlich, daß die Kompostanlage keine feste Unterlage, sondern Verbindung zum Boden hat.

Im Sommer bei richtig dosierter Feuchtigkeit und genügendem Luftzutritt geht der Verrottungsprozeß durch die wärmeren Temperaturen schneller vor sich. Bei großer Trockenheit im Sommer den Kompost unbedingt befeuchten! Gerade im Sommer fällt viel Rasenschnitt an. Geschnittenes Gras sollte nur in dünnen Schichten auf den Komposthaufen gebracht werden. Daher grob zerkleinertes Material, Laub oder Erde mit dem Grasabfall abwechselnd aufschichten. Ansonsten fault das zu dick aufgeschichtete Gras, was nicht im Sinne des Biogärtners ist.

Wann kann man den Kompost verwenden, wie weit muß die Verrottung bereits fortgeschritten sein? Der fertige Kompost (Reifkompost) kann durch ein grobmaschiges Sieb (Maschenweite 15 mm) geworfen und als Substrat für feine Aussaaten oder Topfpflanzen verwendet werden. Beim Reifkompost dauert der Rotteprozeß natürlich länger. Man rechnet etwa 1–3 Jahre. Auch für schwere, verdichtete Böden eignet sich der Reifkompost zur Bodenverbesserung am besten. Der Frischkompost ist erst halb verrottet und sollte vor allem in gut durchlüfteten Boden eingebracht werden. Hier muß nämlich der Kompostierungsprozeß im Boden weiterlaufen, wozu viel Sauerstoff notwendig ist. Frischkompost kann ganzjährig – auch im Herbst – als Mulchschicht ausgebracht oder im Boden flach eingearbeitet wer-

Ein fachmännisch aufgesetzter Komposthaufen ist der Stolz des Hobbygärtners.

den. Der Reifkompost dagegen sollte nur im Frühjahr verwertet werden. Über nützliche Zusätze beim Kompostieren gehen die Meinungen auseinander. Steinmehl gibt man auf Grünmasse und Küchenabfälle. Ob aber eine Erhöhung des Nährstoffgehaltes der Komposterde anzuraten ist, muß jeder für seinen Gartenboden selber entscheiden. Horn- oder Blutmehl ist nur dann erforderlich, wenn vorwiegend Schnittholz oder Laubabfälle und zuwenig Küchen- und frische Gartenabfälle kompostiert werden.

Wer keine Zeit hat, fast ein Jahr

oder sogar noch länger auf gut verrottete Komposterde zu warten, der kann es mit Zusätzen auf Algen- und Mikrobenbasis, den »Aktivatoren«, die es im Handel gibt, versuchen. Aber auch sie vermehren sich nur und beschleunigen den Rotteprozeß, wenn Feuchtigkeit und Durchlüftung im Komposthaufen in Ordnung sind. Kompostbehälter sind platzsparend und werden in den verschiedensten Formen und Materialien angeboten. Es handelt sich meist um kastenartige oder runde Gestelle, die fest geschlossen oder mehr oder weniger offen sind und die Abfälle zusammenhalten. Außerdem gibt es Komposttonnen zur Herstellung von Frischkompost. Die Garten- und Küchenabfälle sowie bis zu 50 Prozent Papier werden in die Tonne geworfen. Nach etwa einem Monat wird der Behälter umgekippt und der Inhalt mit der Forke zur Nachrotte herausgenommen und wie ein Komposthaufen von ca. 50 cm Höhe aufgesetzt. Dabei werden unzersetzte Stücke etwas zerkleinert und ins Innere des Haufens gegeben und mit organischem Stickstoff (Horn-, Knochen-, Blutmehl) angereichert. Nach weiteren vier Wochen ist dieser Kompost gebrauchsfertig und kann auf die Gemüsebeete gebracht werden, wo er leicht eingearbeitet, aber auf keinen Fall eingegraben wird, denn er soll ja zur Verbesserung der oberen Bodenschicht dienen.

Auch abgefallene Blätter ergeben einen guten Kompost. Unter Gehölzen läßt man das Laub liegen, da es an Ort und Stelle zu Humus verarbeitet wird. Das Laub wird feucht zusammengeharkt und aufgesetzt. Je Kubikmeter kommen 5 kg Branntkalk oder 10 kg Korallenalgenkalk dazu. Günstig ist, Komposterde und bei der Kompostbereitung ausgesiebte gröbere Teile unterzumischen.

Gartenabfälle (Stauden, Zweige, Erbsenkraut u. a.) können ebenfalls kompostiert werden. Sämtliche Teile, die man auf den Haufen wirft, sollen mindestens bis auf 20 cm zerkleinert sein. Je kleiner die einzelnen Teile, desto schneller geht die Verrottung vor sich.

Holzasche gehört nur in kleineren Mengen auf den Kompost. Der hohe Kaligehalt der Asche birgt die Gefahr der Überdüngung in sich. Die gesamte Kompostmasse muß zwar immer feucht sein, doch darf der Haufen nicht zu naß werden. Deshalb sollte man in Gegenden mit großen Niederschlagsmengen im Herbst und Winter den Kompost abdecken.

Das Wässern im Biogarten

Pflanzen haben einen hohen Wassergehalt (bis zu 95 Prozent bei einzelnen Arten), der durch die Blätter immer wieder verdunstet. Um ihnen ihre Frische zu erhalten, muß man das verbrauchte Wasser ersetzen. Sie nehmen es über die Wurzeln aus dem Boden auf.

Wassermangel mindert das pflanzliche Wachstum, Kohlrabi werden holzig, Salat schießt früher, und es treten vermehrt Blattläuse auf.

Wenn man trockene Erde zu stark gießt, können die Früchte rissig werden.

Mit abgestandenem Wasser gießen.

Im Sommer sollte man nur am Abend wässern, da in den Mittagsstunden ein großer Teil des Wassers sofort verdunstet; im Frühjahr und im Herbst ist es ratsam, frühmorgens zu gießen, weil dann abendliches Wässern die Wirkung des möglichen Frosts verstärken könnte. Außerdem würden die Pflanzen nicht mehr abtrocknen, so daß vermehrt Pilzkrankheiten auftreten könnten. Das Wasser soll abgestanden sein; frisch aus der Leitung bewirkt es, besonders bei hohen Lufttemperaturen, einen Schock bei den Pflanzen, vor allem bei Gurken und Bohnen, aber auch Tomaten und andere Pflanzen vertragen nicht gut zu kaltes Wasser.

Deshalb kaltes Wasser mit

einem Sprenger fein verteilen. Am bekömmlichsten ist das Wässern mit der Gießkanne aus einem Bottich.

Ob das die Regenwassertonne sein muß, kann man heute nur schwer entscheiden, denn allzu viele Schadstoffe in unserer Luft haben den Regen in dichtbesiedelten Gebieten zu einer zweifelhaften Gabe der Natur gemacht. Hier fängt man das Wasser erst auf, wenn der erste Regen den Schmutz von den Dächern gewaschen hat. In jedem Fall sollte das Wasser abgestanden und damit temperiert sein.

Der Wasserstrahl aus dem Schlauch ist zu kalt und zu stark. Er drückt die Pflanzen um, verdichtet und verschlämmt den Boden. Die Gießbrause muß deshalb sehr fein einstellbar sein, um Schädigungen soweit wie möglich zu vermeiden. In einem großen Garten ist eine Schlauchbrause mit Absperrventil oder ein Regner zweckmäßig. Wichtig beim Gießen ist, daß der Boden nicht nur oberflächlich angefeuchtet wird, ohne daß das Wasser den Wurzelbereich der Pflanzen erreicht. Lieber gründlicher als zu häufig gießen. Die Faustregel besagt, 1 l Wasser je m^2 (= 1 mm) dringt etwa 1 cm tief in den Boden ein. Normalerweise bringt man 15–20 l/m^2 auf einmal aus, das sind 2 Gießkannen voll. Das reicht dann wieder ein paar Tage.

Wird nur oberflächlich gewässert, wurzeln die Pflanzen nur flach und welken bei Trockenheit noch schneller.

Aussaaten sind sehr empfindlich gegen Trockenheit, daher täglich gießen, manchmal auch mehr als einmal.

Bei starker und andauernder Trockenheit ist es günstig, die Erde an den Beeträndern oder um Bäume und Sträucher herum zu kleinen Wällen zusammenzuziehen, damit das Wasser längere Zeit dort festgehalten wird, wo es gebraucht wird.

Mit Hilfe besonderer Spezialdüsen und -schläuche kann Wasser fein wie Nebel zerstäubt werden. In diesem Fall wird es auf dem Weg durch die Luft angewärmt und ist bereits temperiert, wenn es auf die Pflanzen auftrifft. Natürlich verdunstet dabei mehr Wasser als beim Gießen mit der Gießkanne.

Die Wasserverdunstung des von Pflanzen nicht bedeckten Bodens wird durch das schon erwähnte Mulchen, also die Abdeckung des Bodens mit Laub, Stroh oder Grasschnitt, herabgesetzt.

Von allerlei Kraut, das gegen Unkraut gewachsen ist

Unkräuter konkurrieren mit den Kulturpflanzen um Licht, Kohlendioxid, Wasser und Nährstoffe. Sie wachsen meist sehr schnell, bilden Samen und vermehren sich rasch. Mit den Unkräutern führt der Gärtner einen ständigen Kampf; immerhin, sie beschatten den Boden und liefern wertvollen Humus. Und in entlegenen Winkeln des Biogartens kann ohne weiteres eine Brennessel wachsen; schließlich ist sie für viele wunderschöne Schmetterlingsarten eine wichtige Futterpflanze. Im Gemüsebeet bleibt einem nichts anderes übrig, als gegen die Verunkrautung anzukämpfen.

Die beste Methode der Unkrautbekämpfung ist und bleibt das Jäten, das nach Regen, wenn der Boden aufgeweicht ist, besonders einfach ist, weil sich dann die Wurzeln leicht mitherausziehen lassen. Im trockenen, verkrusteten Boden reißt man meistens nur die oberirdischen Pflanzenteile ab, während die Wurzeln im Boden bleiben und schon bald neu austreiben. Bei Quecken, Winden, Giersch und Disteln wächst aus jedem kleinen Wurzelstück wieder eine neue Pflanze. Sind solche ausdauernden Unkräuter vorhanden, müssen sie durch wiederholtes Jäten vernichtet werden. Meist bleibt einem nichts anderes übrig, als die Kulturpflanzen herauszunehmen und die Wurzelausläufer Stück für Stück aus dem Boden zu holen. Solche Unkräuter dürfen nicht kompostiert werden, sondern gehören in die Mülltonne.

Einjährige Unkräuter, die sich mit Vorliebe zwischen Sträuchern und Gemüsekulturen ansiedeln, kann man leicht durch Hacken bekämpfen. Dabei lokkert man gleich die oberste Bodenschicht. Hacken kann man aber nur, wenn große Zwischenräume zwischen den Pflanzen vorhanden sind. Wer zwischen die Stauden und Gehölze bodendeckende Pflanzen setzt oder nicht mit Pflanzen bedeckte Flächen mit einer Mulchschicht bedeckt, der braucht nicht zu hacken. Eine schützende Mulchschicht wird auch unter Beerensträuchern und auf Gemüsebeeten ausgebracht.

Denn der dann vorhandene Bodenwuchs läßt Unkräuter gar nicht keimen bzw. erstickt die meisten jungen Unkrautpflanzen. Was trotzdem aufwächst, muß mit der Hand ausgezogen werden.

Vorbeugender Pflanzenschutz

Schutz der Pflanzen vor den Unbilden des Wetters oder vor dem Angriff von Schädlingen bedeutet zu allererst, daß man die Bedingungen, die sie im Garten vorfinden, so günstig wie möglich gestaltet.
Haben die Pflanzen den richtigen Standort, guten Boden und genügend Wasser, Licht, Luft und die richtigen Nährstoffe, entwickeln sie auch Widerstandskraft gegen schädliche Einflüsse. Natürlich werden die Gartenpflanzen durch Luftverunreinigungen und sauren Regen ebenso betroffen wie der Wald. Auch hat eine einseitige, auf den Nutzen für die Menschen abgestimmte Auslese bestimmter Arten und Züchtungen manche Anfälligkeit zur Folge. Andererseits wird durch die Züchtung spezieller Sorten, die gegen viele Krankheiten resistent sind, ein wichtiger Beitrag zur Pflanzengesundheit geleistet. Denken wir an die Mehltauresistenz von Salat-, Gurken-, Apfelsorten u. a. Der unnatürliche Anbau von Pflanzen in Reinkulturen statt in natürlichen Lebensgemeinschaften bringt gefährliche Beeinträchtigungen. Wird richtiger Fruchtwechsel eingehalten, ist der Krankheitsbefall nicht so stark, als wenn jahrelang einseitig gleiche Arten angebaut werden.

Der Gemüsegarten – Anlage und Pflege

Gemüse aus dem eigenen Garten – das hatte jahrzehntelang den Geruch des Kleinbürgerlich-Spießigen. Gemüse, wenn es schon auf den Speisezettel kam, holte man bestenfalls im Gemüsegeschäft oder im Supermarkt, am liebsten verwendete man Konserven oder Tiefgekühltes. Es ist ja so praktisch, ins Regal zu greifen, die Dose zu öffnen, die grünen Bohnen und das Leipziger Allerlei in etwas Butter zu schwenken, die Salz- und die Pfefferbüchse darüber auszuschütteln und wieder einmal Gemüse auf den Tisch zu bringen. Gemüse als Hauptgericht, als Höhepunkt einer Mahlzeit war ganz aus der Mode gekommen. Fleisch mußte es sein, immer nur Fleisch, möglichst sieben Tage in der Woche. Frisches Gemüse? Nein danke! Dann schon lieber Pommes frites und Bratwurst, Hamburger und Toast Hawaii.

Zum Glück kam die Gesundheitswelle, und der erhobene Zeigefinger sehr vieler Ärzte mahnte, die Fleicheslust zu dämpfen, die Kohlenhydrate nicht mehr zu verteufeln und die lebensnotwendigen Nährstoffe auch oder sogar vorwiegend aus Gemüse und Getreide zu beziehen. Die Zunahme der ernährungsbedingten Zivilisationskrankheiten wie Übergewicht, Gicht, Diabetes, Karies hat inzwischen viele dazu gebracht, ihre Ernährungsgewohnheiten zu überdenken, den Fleischanteil in der eigenen Nahrung zurückzudrängen und den Gemü-

Gemüseanbau im eigenen Garten: roter Mangold.

sen wieder den Platz einzuräumen, der ihnen wegen ihres Wertes für die Gesundheit, aber auch wegen ihrer kulinarischen Qualitäten zukommt.
Außerdem hat sich in unserer Zeit nicht nur das Ernährungsbewußtsein gewandelt, sondern auch die Einstellung zur Natur; die Sensibilität für Gefahren, die unserer Umwelt drohen, ist groß und wird noch weiter wachsen. So beleidigt es heute gewiß kein Auge mehr, wenn gleich neben der Terrasse oder auf dem Balkon auch Kräuter und Gemüse wachsen. Es muß auch nicht mehr ein Garten wie vom Reißbrett sein; der englische Rasen, das perfekte Rosenbeet, die gepflegten Ziersträucher aus fernen Ländern haben zwar immer noch ungezählte Anhänger, doch die Propagandisten eines naturnahen Gartens sind auf dem Vormarsch. Was aber der Natur nützt, das tut gewiß dem Menschen ebenso gut. Er sorgt in seinem Garten nicht nur dafür, daß sich Schmetterlinge, Vögel und Igel darin wohl fühlen, sondern daß er ihm selbst etwas zu bieten hat.
Kurz und gut, nicht nur das Gemüse- und Kräuteressen ist wieder »in«, sondern auch das Gemüseanbauen im eigenen Garten.

Worauf es beim Gemüseanbau ankommt

Für den Gemüsegarten ist das sonnigste Stück im Garten die beste Lage. Die Beetbreite sollte 1–1,20 m betragen. Für einen erfolgreichen Gemüseanbau ist ausgewogene Düngung mit Stallmist bzw. Kompost, Horn- und Blutmehl unbedingt erforderlich. Außerdem spielt die Reihenfolge der Aussaaten bzw. Pflanzungen eine wichtige Rolle. Man belegt ein Beet in der Hauptkultur von April bis Juli mit Blumenkohl und Brokkoli und sieht als Vorkultur Kopfsalat, Radieschen, Spinat und Rettich vor. Als mögliche Nachkultur kommen Endivien, Spinat, Radieschen oder auch Gründüngung in Frage.
Hat man Erbsen in der Hauptkultur (April bis Juli), so empfiehlt sich als Vorkultur Rosenkohl, Feldsalat, Winterporree und als Nachkultur Spinat, Radieschen, Salat und Chinakohl.
Durch Sellerie in der Hauptkultur ist das Beet von Mai bis Oktober belegt. Möglich ist eine Vorkultur von Salat, Feldsalat, Winterspinat und Schnittsalat, aber keine Nachkultur mehr.
Weitere Kombinationsbeispiele für eine sinnvolle, ertragreiche, aber zugleich den Boden scho-

nende Kulturfolge sind der folgenden Tabelle zu entnehmen.

Beet belegt von ... bis	*Aussaat*	*Pflanzen-anzucht*
April–Juli	Anfang März	unter Glas
Juni–November	Ende Mai	Freiland-beet
Mitte Mai–August	Mitte Mai	–
Ende Juni–Oktober	Ende Juni	–

Das Schema bewährter Kulturfolgen wurde von der Firma Sperling & Co. in Lüneburg entwickelt.

Ohne regelmäßigen Fruchtwechsel wird der Erfolg im Gemüsegarten schnell nachlassen. Denn im Boden reichern sich Krankheiten und Schädlinge an; man sagt, der Boden wird müde. Als Faustregel gilt, daß alle Gemüsearten mit langer Kulturdauer erst nach 3 Jahren wieder auf der gleichen Fläche kultiviert werden sollen. Im ersten Jahr werden unmittelbar nach einer Stallmistgabe die stark zehrenden Gemüse der sogenannten ersten Tracht gepflanzt: Kohlarten, Kartoffeln, Sellerie, Tomaten, Gurken, Kürbis. Im folgenden Jahr kommen auf die gleichen Beete Karotten, Radieschen, Zwiebeln, Rettich, Porree, Feldsalat, rote Bete, Kohlrabi und Salat. Im dritten Jahr ist die Zeit gekommen für Bohnen und Erbsen, nach deren Ernte wieder frisch gedüngt wird. Diese Dreijahresmethode unterscheidet also Starkzehrer, Mittelzehrer und Schwachzehrer unter den Gemüsen und setzt sie je nach Zustand des Bodens ein. Man kann das Gemüse aber auch auf eine andere Art, nämlich in »Mischkultur« anbauen, die naturgemäßer ist, weil in der Natur ja auch Pflanzen mit verschiedenen Nachbarn zusammenstehen (siehe S. 61 ff.).

Zu den beliebtesten Gemüsen in unseren Gärten gehören die **Kohlarten.** Zu ihnen gehören Blumenkohl, Weiß- und Rotkohl, Wirsing, Brokkoli, Chinakohl, Grünkohl, Kohlrabi und Rosenkohl. Sie zeichnen sich durch eine besonders große Blattmasse aus. Und mit ihnen hat man zugleich großzügige Mineralstoff- und Vitaminspender auf dem Küchenzettel. Auch ist der Ballaststoffanteil der Kohlarten für die Verdauungstätigkeit wichtig.

Wenn man frühe Sorten von Weißkohl Anfang April pflanzt, kann man bereits im Juli die er-

Chinakohl ist gekocht oder milchsauer vergoren als Gemüse ebenso köstlich wie als Salat.

sten Köpfe ernten. Zur Sauerkrautherstellung und zum Lagern pflanzt man Spätkohlsorten in größeren Abständen Mitte Mai auf die Beete. Tiefgründige Böden mit guter Wasser- und Nährstoffversorgung eignen sich für den Anbau der Kohlarten. Die Nachbarschaft mit Tomaten und Sellerie soll dem Befall mit Kohlweißlingen vorbeugen helfen. Aber nicht nur die »kopf«bildenden Gemüse gehören zu den Kohlarten, sondern auch der Blätterkohl (Grünkohl). Er wird bis

Brokkoli, eine südliche Variante des Blumenkohls für feine Gemüsegerichte.

Anfang August gepflanzt und schmeckt am besten, wenn kühlere Temperaturen auf ihn eingewirkt haben. Der Rosenkohl, ebenfalls ein Wintergemüse, bildet in den Blattachseln kleine Köpfe oder Röschen aus. Solange nicht zu starke Fröste auftreten, kann er auf dem Gemüsebeet bleiben. Beim Blumenkohl, der besonders hohe Ansprüche an die Kulturführung, aber auch an die Witterung stellt, ist der Blütenstand fleischig verdickt. Kurz vor der Ernte wird die »Blume« durch Einknicken der Blätter abgedeckt. So bleibt sie schön weiß. Beim Kohlrabi ist die verdickte Sproßknolle der genießbare Teil, aber auch die kleinen Blättchen können mitgekocht werden. Kohlrabi ist ein typisches Frühjahrsgemüse. Er braucht eine ausgeglichene Versorgung mit Nährstoffen und regelmäßige Wasserzufuhr. So bleibt er besonders zart. Unregelmäßiges Wässern läßt die Knollen platzen. Kohlrabi kann man zwischen Tomaten oder vor Stangenbohnen setzen. Grundsätzlich gilt, daß sich für den Anbau der Kohlarten nur gut gedüngte Böden eignen. Im kleinen Garten beanspruchen sie natürlich sehr viel Platz, so daß man sich überlegen muß, ob man auf den

Anbau von Weiß-, Rotkohl und Wirsing verzichten soll. Ist genügend Platz im Garten vorhanden, sollte man so viel Kohl anbauen, daß es auch zum Einschneiden reicht. Sauerkraut ist mit seinem hohen Vitamin-C-Gehalt und seiner natürlichen Milchsäure immer schon ein Heilmittel gewesen.

Übrigens sollte man im biologischen Nutzgarten keinesfalls auf Gemüse verzichten, die bei uns noch keine lange Tradition haben, dafür aber unser kulinarisches Angebot aufs delikateste bereichern. Dazu gehören die Kohlarten Brokkoli und Chinakohl. Brokkoli braucht nährstoffreichen Lehmboden und reichlich Wasser. Man kann von der Brokkoli-Pflanze mehrfach ernten. Wenn der Haupttrieb vor dem Öffnen abgeschnitten wird, wachsen in den Blattachseln neue Seitentriebe nach. China- oder Pekingkohl wächst in höchst erfreulichem Tempo,

Eissalat, im Bild die Sorten »Favorite« (vorne), »Rosa« (Mitte) und »Jasmin« (hinten), schmeckt herzhafter als Kopfsalat und hält sich auch länger.

schießt aber leicht, weshalb man ihn erst Ende Juli ins Freiland aussäen sollte. Die Pflanze braucht viel Feuchtigkeit und Nährstoffe, da in sehr kurzer Zeit viel Blattmasse gebildet wird. Alle Kohlarten sind, roh und gekocht gegessen, sehr wertvolle Vitalstoffspender.

Besondere Wertschätzung verdienen auch im kleinen Garten die **Salate:** Kopfsalat, Pflücksalat, Bindesalat, Endiviensalat, Feldsalat, Eissalat, der wegen seiner knackigen Konsistenz auch Krachsalat heißt. Auch von Chinakohl und Chicorée kann man köstliche Salate zubereiten. Man sollte bei Salaten immer wieder Folgesaaten vorsehen, damit man während des ganzen Frühlings, Sommers und Herbstes bis in den Winter hinein mit dem vitaminreichen Gemüse versorgt ist. Ärgerlich ist für den Gärtner, wenn der Gartensalat vorzeitig schießt. Dabei ist das »Schießen« nichts anderes als das Wachsen des Blütenstengels. Solange die Tage aber noch kurz sind, entwickeln sich bei einigen Sorten keine Blütenstände, sondern Blattmasse. Das Schossen hängt nicht nur von der Tageslänge, sondern auch von der Luft- und Bodentemperatur ab. Die Sorten reagieren verschieden. Daher gibt es im Salatsortiment Sorten für den Anbau im Frühjahr, Frühsommer, Sommer und Herbst. Es ist ratsam für die frühe Ernte, Salat möglichst bald, d. h. Anfang März, ins Frühbeet zu säen oder vom letzten Märzdrittel an Jungpflanzen zu pflanzen. Dabei soll man nur so viel setzen, wie man in einer Woche verbraucht, und alle 8–14 Tage neu pflanzen. Wintersalat, der im August gesät und im September ausgepflanzt wird, braucht eine besonders geschützte Lage im Garten und während des Winters zusätzlichen Schutz.

Pflücksalat erfreut sich heute besonderer Beliebtheit, und er wird in unzähligen Sorten angeboten. Beim Pflücksalat wird nicht die ganze Pflanze abgeschnitten, da er keine Köpfe bildet, sondern die Blätter werden einzeln geerntet; die obersten Blätter müssen stehenbleiben, damit die Pflanze weiterwachsen kann. Bindesalat, auch Römischer Salat genannt, verträgt die höheren Temperaturen im Sommer besser als Kopfsalat. Die Köpfe sind langoval und eher locker. Die Aussaat erfolgt von April bis Juni in Folgesaaten, so daß von Juni bis Oktober laufend geerntet werden kann. Eissalat ist schoßfester und braucht durch die größere Kopfbildung länger zum Wachsen als Kopfsalat. Bis Anfang Juni ist er zu säen. Es gibt sehr knackige, aber auch weichere Eissalatsorten. Das Angebot an Gartensalat-Neuzüchtungen vergrößert sich ständig: Rote, rot-grüne, gekräuselte Salate sind immer mehr im Kommen. Feldsalat oder Rapunzel bewährt sich als vitaminreicher Wintersalat, der im August und September ausgesät wird und ab November den ganzen Winter über zur Verfügung steht. Bei zu früher Aussaat von Endivien entwickeln sich Blüten. Daher Jungpflanzenanzucht ab Mitte Juni bis Mitte Juli. Delikat sind die Endiviensorten mit den feingekrausten oder geschlitzten Blättern. Vom Chicorée muß man erst die Wurzeln anziehen, ehe man nach ihrer Ernte mit der Treiberei beginnen kann. Dazu wird gegen Ende Mai mit der Aussaat begonnen. Im Oktober bis November erntet man die Wurzeln. Sie werden in Erde gestellt und bringen in dunklen Räumen nach 5–6 Wochen schöne, hellgelbe Sprosse hervor. Gerade im Winter ist so ein herrlich frischer Salat köstlich. Verwandt mit dem Chicorée ist der Zuckerhut, der ab Mitte Juni bis Mitte Juli direkt gesät

Frisée-Endivie »Wallone«.

wird. Ab Mitte Oktober sind die Köpfe erntereif. Radicchio, ein roter Zichoriensalat mit leicht bitterem Geschmack, gehört ebenfalls zu den Wintergemüsen und wird Mitte Juni bis Mitte Juli ausgesät. Wenn man ihn nicht im Folientunnel hat, braucht er etwas Winterschutz. Spinat kann ebenfalls als Salat zubereitet und gegessen werden. Man sät ihn Anfang März und im April aus. Danach macht man eine Sommerpause, da die Gefahr des Schossens sehr groß ist. Im August wird Spinat für die Herbsternte ins Freiland gesät. Der im September gesäte Spinat wird überwintert. So hat man sehr früh im Jahr frischen Spinat. Man sollte möglichst mehltauresistente Sorten anbauen.

Wurzelgemüse (Möhren, rote Bete, Sellerie, Radieschen, Rettich, Schwarzwurzeln) bringen um so schönere Wurzeln, je lokkerer und tiefgründiger der Boden ist. Frischen Dung aber mögen sie absolut nicht. Schwarzwurzeln und Möhren werden gesät, sobald der Boden frostfrei und ein Bearbeiten möglich ist. Radieschen und Rettiche früher Sorten sind bereits ab März zu säen. Bei Radieschen sollte man Folgeaussaaten das ganze Jahr über vorsehen und mindestens alle zwei Wochen nachsäen. Die Saattiefe liegt nur bei 1–1,5 cm. Zu dichte Saaten sind zu vereinzeln, sonst gibt es keine runden Knollen. Der empfindliche Sellerie muß vorkultiviert werden und wird erst nach den Eisheiligen ausgepflanzt. Man sollte sich die Anzucht ersparen und die Pflänzchen kaufen. Bei zu kalter Anzucht und kalten Temperaturen im Freiland kann der Sellerie bereits im ersten Jahr blühen.

Zwiebelgemüse vertragen wie das Wurzelgemüse keinen frischen Stallmist. Was sie brauchen, sind leichte, gut erwärmbare, mittelschwere Böden und in der Hauptwachstumszeit ausreichende Wassergaben. Beim Abreifen im August/September sollte die Witterung warm und trocken sein.

Ist der Boden zu schwer, muß Komposterde zugesetzt werden. Der Anbau von Steckzwiebeln kann schon im März beginnen; dann ist man im Spätfrühling und Frühsommer mit zarten Frühlingszwiebeln und Zwiebelgrün für den Salat versorgt. Nicht größer als 2 cm sollte der Durchmesser der Steckzwiebeln sein. Dann schossen sie mit ziemlicher Sicherheit nicht. Zwiebeln können auch direkt an Ort und Stelle gesät werden. Ihre Kulturzeit ist dann natürlich länger. Schalotten sind besonders würzig und besitzen viele kleinere Bulben.

Porree, ein Zwiebelgewächs ohne besondere Ansprüche an den Boden, ist Gemüse und Würze für Suppen. Pflanzung und Direktsaat sind üblich. Lange, weiße Schäfte werden durch tiefes Pflanzen und Anhäufeln erreicht. Knoblauch – Heil- und Würzpflanze zugleich – sollte in keinem Hausgarten fehlen. Vermehrt wird er vorwiegend durch die Zehen.

Porree wächst fast in jeder Erde, am besten aber bei einem pH-Wert von 6–6,5.

Von den **Hülsenfrüchten** (Erbsen, Bohnen, dicke Bohnen und Feuerbohnen) gibt es niedrigbleibende und hochwachsende Arten. Natürlich bringen letztere einen größeren Ertrag. Zur Bekleidung von Zäunen und Wänden sind Stangenbohnen und besonders die mit der Gartenbohne nahe verwandte Feuerbohne ausgesprochen dekorativ. Dabei ergeben sie, grün gepflückt, ein zartes Gemüse. Die reifen Bohnensamen schmekken als Salat oder Eintopf besonders gut. Wer schon im März Erbsen säen will, sollte den Palerbsen den Vorzug geben, weil sie Kälte aushalten können. Die süßen Markerbsen sind erst im April an der Reihe. Man sollte auch einmal einen Versuch mit Zuckererbsen machen, die samt der zarten, wohlschmeckenden Schale verzehrt werden und eine besondere Delikatesse sind. Busch-, Stangen- und die Feuer- oder Prunkbohne werden ab Mitte Mai gelegt. Bei den Busch- und Stangenbohnen gibt es gelb-, grün- und blauhülsige Sorten. Stangenbohnen tragen später als Buschbohnen, dafür aber länger. Dicke Bohnen, auch als Puff- oder Saubohnen bekannt, sind wertvolle Eiweiß- und Gründüngungspflanzen. Als Gemüse sind sie eine besondere Spezialität. Ihre Samen können, solange sie noch zart und milchig sind, in vielerlei Gerichten schmackhaft zubereitet werden. Sobald es der Boden erlaubt, werden Samen 5–6 cm tief in den Boden gelegt. Häufig werden die Pflanzen von der Schwarzen Bohnenlaus befallen.

Zu den **Kürbisgewächsen** zählen Gurken, Melonen und die verschiedenen Kürbisarten wie Speisekürbis, Zucchini, Spaghettikürbis u. a., die alle aus wärmeren Gefilden stammen. Ihre tropische Herkunft macht sich auch in großer Kälte-

Paprika in solcher Größe sind in unseren heimischen Gärten selten. Wenn Sie sich doch selbst an die Anzucht wagen wollen, sollten Sie pro Strauch möglichst nur wenige Blüten stehenlassen und in der Fruchtentwicklungsphase hin und wieder düngen.

empfindlichkeit bemerkbar. Alle Arten brauchen lockeren Boden, der mit reichlich verrottetem Stallmist angereichert wurde. Eine Bodenbedeckung mit Stroh verringert das Austrocknen des Bodens und ist günstig für die flachwurzelnden Pflanzen.

Nach ihrem Verwendungszweck unterscheidet man bei den Gurken Salat- und Einlegegurken. Einlegegurken werden im Freiland unter schwarzer Folie angebaut, Salatgurken im Frühbeet oder im Gewächshaus. Besonders große Früchte wachsen beim gelben oder orangeroten Speisekürbis, wenn er auf dem Komposthaufen gepflanzt wird. Zucchini haben sich bei uns erst in den beiden letzten Jahrzehnten durchgesetzt. Ihr Anbau ist in unserem Klima ohne Probleme möglich. Sie brauchen weniger Wärme als Gurken, Paprika oder Melonen. Bei guter Pflege wachsen viele Früchte, vor allem wenn man die Früchte bereits klein erntet. Eine Pflanze genügt meist im Hausgarten. Zuckermelonen sind sehr wärmebedürftig. Ihre Kultur gelingt nur in wärmeren, geschützten Lagen oder im Gewächshaus.

Auch die anderen **Fruchtgemüse,** also Tomate, Paprika und Aubergine, sind bei uns noch nicht allzu lange heimisch. Sie alle brauchen sehr viel Wärme, wobei der Paprika noch kälteempfindlicher ist als die Tomate. Das gleiche gilt für die Aubergine, die sich feuchten, nährstoffreichen Boden in sonniger Lage wünscht. Das Sortiment bei den Tomaten ist groß: kleinfrüchtig runde, mittelgroße, birnenförmige, rote, gelbe Tomaten, Fleischtomaten, buschig wachsende Tomaten, Stabtomaten. Tomaten werden als Jungpflanzen herangezogen und um den 20. Mai erst ins Freiland gepflanzt. Stabtomaten müssen eintriebig gezogen werden. Triebe, die aus den Blattachseln wachsen, muß man ausbrechen (= ausgeizen). Vom sehr wärmebedürftigen Paprika wird der Gemüse- und der Gewürzpaprika angebaut. Wasser- und Nährstoffansprüche sowie Wärme- und Lichtbedarf sind hoch.

Vorzüge der Mischkultur

Pflanzt man Jahr für Jahr gleiches Gemüse oder verwandte Gemüsearten auf denselben Platz, so läßt mit der Zeit der Ertrag nach. Neben der Bodenmüdigkeit tritt auch verstärkter Krankheits- und Schädlingsbe-

Mischkultur: Oben: Rosenkohl, Grünkohl, Janusbohne, Kohlrabi, Rotkohl, Knacksalat, Margeriten und Malven; unten: Mangold und Ringelblumen.

fall auf. Im biologischen Gartenbau baut man in Mischkultur an, da sich wie in freier Natur die benachbarten Pflanzen wunderbar ergänzen. So beschatten die unterschiedlich lang lebenden Kulturen den Boden während der gesamten Wachstumsperiode. Das wirkt sich positiv auf die Schattengare aus, es wächst kaum noch Unkraut. Die Nährstoffe im Boden werden besser ausgenutzt, da Flach- und Tiefwurzler abwechselnd angebaut werden. Man betreibt zudem vorbeugenden Pflanzenschutz, weil sich die Pflanzen im Wachstum positiv fördern und gegenseitig die Schädlinge abwehren. Mögliche Pflanzkombinationen:

- Winterrettich, Kopfsalat, Radieschen
- Radieschen, Kopfsalat, Karotten
- Radieschen, Erdbeeren (im Pflanzjahr), Spinat
- Möhren, Lauch, Möhren
- Zwiebel, Möhren
- Sellerie, Kohlrabi, Möhren

Daß benachbarte Pflanzen sich günstig beeinflussen können, ist keine Neuigkeit, aber nicht alle Pflanzen passen zusammen. Ungünstige Nachbarschaften sind:

- Bohnen mit Erbsen, Fenchel, Knoblauch, Lauch, Zwiebeln
- Erbsen mit Kartoffeln, Knoblauch, Lauch, Tomaten, Bohnen
- rote Bete mit Lauch, Mais, Kartoffeln
- Kohl mit Kartoffeln, Zwiebeln
- Sellerie mit Kartoffeln, Kopfsalat, Mais

Kulturfolgen bei Gemüsekulturen

mögliche Vorkulturen	*Hauptkultur*	*mögliche Nachkulturen*
Feldsalat, Winterportulak	**Blumenkohl/ Brokkoli, früh**	Salat, Endivien, Zuckerhut, Winterrettich, Radies, Gründüngung, Spinat
Kopfsalat, Spinat, Rettich, Radies, Kohlrabi	**Blumenkohl/ Brokkoli, spät**	–
Winterspinat, Radies Schnittsalat	**Buschbohnen, früh**	Winterspinat, Feldsalat, Radies
Kopfsalat, Spinat, Kohlrabi, Rettich, Radies, Frühmöhren	**Buschbohnen, spät**	–

mögliche Vorkulturen	*Hauptkultur*	*mögliche Nachkulturen*
Winterspinat, Radies, Rettich, Schnittsalat, Wintersalat	**Stangenbohnen**	–
Erbsen, Frühmöhren, Kohlrabi, Kopfsalat	**Chinakohl**	–
Feldsalat, Winterportulak, Winterporree, Rosenkohl	**Erbsen**	Salat, Endivien, Zuckerhut, Chinakohl, Rettich, Radies, Spinat
Bohnen, Kohlrabi, Möhren, Kopfsalat	**Feldsalat**	diverse
Kopfsalat, Spinat, Kohlrabi, Schalerbsen, Radies, Rettich	**Grünkohl**	–
Radies, Schnittsalat, Winterspinat, Wintersalat	**Gurken**	–
Radies, Schnittsalat, Winterspinat, Wintersalat	**Kürbis, Zucchini, Squash**	–
Feldsalat, Winterporree, Rosenkohl	**Möhren, früh – mittelfrüh**	Chinakohl, Herbstrettich, Radies, Herbstsalat, Spinat
	Möhren, spät	–
Radies, Schnittsalat, Winterspinat, Winter- und sehr früher Kopfsalat	**Paprika**	–
Feldsalat	**Porree, Sommer u. Herbst**	Gründüngung, Winterspinat
Spinat, Radies, Rettich, Salat, Kohlrabi	**Porree, Winter**	–
Feldsalat, Winterporree, Winterportulak	**Rettich, früh**	Gurken, Tomaten, Zucchini, Zuckermais, Melonen, Bohnen
Radies, Schnittsalat, Wintersalat, Winterspinat	**Rettich, Sommer**	Spinat, Kopfsalat, Endivien
	Rettich, Herbst und Winter	–
Kopfsalat, Radies, Rettich, Spinat, Frühmöhren	**Rosenkohl**	–
Feldsalat, Winterporree, Radies, Schnittsalat, Spinat	**Rotkohl (Weißkohl, Wirsingkohl)**	Gründüngung

Beet belegt von ...bis	*Aussaat*	*Pflanzenanzucht*
Mitte Mai–Oktober	Mitte Mai	–
Mitte Juli–Oktober	Mitte Juli– Anfang August	–
April–Juli	Ende März–April	–
August–Februar	August–September	–
Ende Juni–Winter	Ende Mai	Freilandbeet
Mitte Mai–Oktober	Mitte Mai	–
Mitte Mai–Oktober	Anfang–Mitte Mai	–
März/April– Juli/August	März–April	–
April–November	April–Anfang Mai	–
Mitte/Ende Mai– Oktober	Ende März	unter Glas
April–Oktober	März/April	Frühbeet/ Freilandsaatbeet
Juni–April	Mai	Freilandsaatbeet
März–Ende Mai	März–Anfang April	
Mai–Juli	Mai–Anfang Juli	–
August–Oktober	Ende Juli–August	–
Ende Juni–März	Mai	Freilandsaatbeet
Mai–September/ Oktober	April	Freilandsaatbeet

mögliche Vorkulturen	*Hauptkultur*	*mögliche Nachkulturen*
Feldsalat, Winterporree, Radies, Schnittsalat, Spinat	**rote Rüben**	–
Feldsalat	**Salat (Kopf- und Schnitt-), früh**	Busch- und Stangenbohnen, Tomaten, Gurken, Melonen, Zuckermais
Winterporree, Radies, Winterspinat	**Salat (Kopf- und Pflück-), Sommer**	Spinat, Feldsalat, Rettich, Radies, Endivien, Gründüngung
Erbsen, Erdbeeren, Kohlrabi, Radies, Rettich	**Salat (Kopf- und Pflück-), Herbst**	–
Erbsen, Erdbeeren, Kohlrabi, Radies, Rettich, Frühmöhren	**Salat-Endivien**	–
Erbsen, Kopfsalat, Kohlrabi, Blumenkohl, Frühmöhren, Rettich, Radies	**Salat-Zuckerhut, Radicchio**	–
Kopfsalat, Radies, Winterspinat, Winterporree	**Salat-Chicorée**	–
Kopfsalat, Radies, Winterspinat, Schnittsalat, Winterporree, Feldsalat	**Sellerie**	–
Feldsalat, Winterporree	**Spinat, Frühjahr**	Gurken, Tomaten, Stangenbohnen, Kohlrabi, Salat
Kopfsalat, Kohlrabi, Erbsen, Frühmöhren	**Spinat, Herbst**	–
Gurken, Kopfsalat, Bohnen, Möhren, Blumenkohl	**Spinat, Winter**	diverse
Kopfsalat, Radies, Kohlrabi, Spinat, Winterporree	**Tomaten**	–
Feldsalat, Winterporree	**Zwiebeln**	Winterspinat, Feldsalat

Beet belegt von ... bis	*Aussaat*	*Pflanzenanzucht*
Mai–Oktober	Ende April–Mai	–
März–Mai	Februar–März	unter Glas
Ende April–Juli	Ende April–Juni	Freilandsaatbeet
Juli–Oktober	Mitte–Ende Juli	Freilandsaatbeet
Juni/Juli–Oktober	Juni	–
Juli–Dezember	Anfang–Mitte Juli	–
Mitte Mai–November	Mitte–Ende Mai	–
Mitte Mai–Oktober	März	unter Glas
März–Mai	März–April	–
Ende Juli– Ende Oktober	Ende Juli– Ende August	–
September–April	Mitte September	–
Ende Mai–Oktober	März	unter Glas
März–Anfang September	März–Anfang April	–

Der Kräutergarten

Die Zeiten, da im Blumenkasten, Blumentopf oder Garten an Kräutern allenfalls Petersilie und Schnittlauch und höchstens noch Dill zum Gurkeneinlegen zu finden waren, sind zum Glück vorbei. Man bereitet heute einen Braten öfter mal mit Rosmarin und Salbei, ein Hühnchen mit Estragon zu; auch weiß man, daß Basilikum und frische Tomaten ein köstliches Gespann sind, probiert dann und wann eine original britische Minzsoße und wundert sich, daß man früher einen Salat auch ohne Zugabe von Zitronenmelisse, Pimpernelle, Kerbel oder Knoblauch gegessen hat.

Die Folge der neuen Kräutereuphorie, die nicht zuletzt auf Reisen in ferne Länder, zumal an die Gestade des Mittelmeers, zurückgeht, ist, daß wir uns Küchenkräuter im eigenen Garten, auf Balkon und Terrasse selbst anbauen. Da läßt sich ohne Mühe ein respektables Sortiment in einem Kräuterkasten oder -beet zusammenstellen. Von den ausdauernden, also mehrjährigen Kräutern reichen zur Deckung des Bedarfs einer Normalfamilie meist 1–2 Exemplare aus.

Frisch aus dem Kräutergarten: Salbei und Borretsch (von links), eingerahmt von Dill.

Natürlich müssen beim Pflanzen die Standraumansprüche der einzelnen Kräuter berücksichtigt werden.
Folgende mehrjährige Kräuter sollen im Garten nicht fehlen:

Estragon bis 1,50 m
Lavendel (zu Rosen pflanzen) bis 60 cm
Liebstöckel bis 2,00 m
Pfefferminze ca. 50 cm
Pimpernelle bis 60 cm
Rosmarin bis 1,50 m
Salbei bis 70 cm
Schnittlauch bis 30 cm
Thymian bis 40 cm
Zitronenmelisse bis 1,00 m

Seltener werden angebaut: Beifuß, Bergbohnenkraut, Dost, Sauerampfer, Tripmadam (kriechend), Weinraute, Wermut, Ysop.
Dazu kommen dann noch die alljährlich neu auszusäenden Gewürzkräuter, von denen man Basilikum im frühen Frühjahr in einer Schale aussät und im Mai auspflanzt. Das einjährige Bohnenkraut sät man von März bis Mai, Borretsch ab April und dann in mehreren Folgesaaten, wobei die schönen blauen Blüten zugleich eine Augenweide sind. Dill kann von April bis Juli gesät werden, Kresse und Kerbel im zeitigen Frühjahr und Majoran im März ins Frühbeet

Ysop, ein scharf schmeckendes Gewürzkraut

oder ab Mai ins Freiland. Kresse läßt sich in den Wintermonaten auch am Fensterbrett in flachen Schalen ziehen. Portulak, geeignet als Rohkost und würzend in Salaten, wird ab Mitte Mai in Folgesaaten gesät. Mehrere Reihen Petersilie sät man am besten gleich im März aus. Kräuter lassen sich konservieren durch Tiefgefrieren, Einsalzen und Trocknen. Sie verfei-

Gewürz- und Heilkräuter im Garten			
Pflanze	*verwendbarer Teil*	*Menge*	*Heilwirkung*
Alant *(Inula helenium)* 4 oder 8/9	Wurzel mehrjähr. Pflanzen trocknen	15–30 g zerkleinert p. l Wasser, Aufguß	Keuchhusten, Bronchialkatarrh, Bronchialasthma
Baldrian *(Valeriana officinalis)* 9–10	Wurzelstock trocknen	1 Teelöffel, zerkl. auf 1 Glas Wasser, kalt ansetzen (oder Aufguß)	Schlaflosigkeit, nervöse Magen- u. Darmerkrankung, Migräne
Basilikum *(Ocimum basilicum)* 7–8	Kraut u. Samen trocknen	1 Teelöffel (ca. 2 g auf 1 Glas Wasser, Aufguß)	Verstopfung, Magenkrämpfe, Blasenentzündung
Bärentraube *(Arctostaphylos uva-ursi)* 3/4 u. 6/7	Blätter vor oder nach der Blüte trocknen	2 Eßlöffel auf ¼ l Wasser abkochen	Blasen- und Nierenschwäche u. -entzündung, Grieß- u. Steinleiden
Beifuß *(Artemisia vulg.)* 8	Wurzel trocknen, pulverisieren	1 Eßlöffel auf ¼ l Wasser, Aufguß zerkleinert	Brechreiz, Koliken, Krampfzustände, Magenbeschwerden

Die Zahlen in der Rubrik »Pflanze« bedeuten die Erntemonate:
3–5: Die Ernte ist zwischen März und Mai möglich.
5/6: Die Ernte richtet sich nach der Witterung, fällt aber in die Zeit Mai/Juni.
7, 8, 9: Die Ernte erstreckt sich über Juli, August und September.
4, 6 und 8: Die Ernte wird entweder im April, im Juni oder erst wieder im August durchgeführt.
Aufguß: Das Kraut wie Tee überbrühen.
Absud: Kraut (oder Früchte etc.) aufkochen, ziehen lassen und absieben.
Kalt ansetzen: Die entsprechende Substanzmenge wird in Wasser (kalt) eingeweicht, nach geraumer Zeit – 8, 12 oder 24 Stunden später – abgesiebt, und die Flüssigkeit wird getrunken.

nern den Geschmack von Essig und Öl.

Wer genügend Platz im Garten hat, der sollte auch auf die Kultur einiger **Heilkräuter** auf keinen Fall verzichten, zumal viele von ihnen nicht nur durch ihre Heilkraft, sondern auch durch Duft und Schönheit überzeugen.

Die Tabelle links bringt eine Auswahl der wichtigsten und wirksamsten Heilpflanzen und ihre Anwendungsmöglichkeiten.

Mit Basilikum bekämpft man Verstopfung und Magenkrämpfe.

Bärentraube ergibt einen wirksamen Tee bei Blasenleiden.

Baldrian oder Katzenkraut hilft gegen Schlaflosigkeit.

Die Königskerze stammt aus dem westlichen Kleinasien. Seit dem Mittelalter ist sie bei uns als Heilpflanze bekannt; die Blüten werden jedoch erst in neuerer Zeit benutzt.

Lungenkrauttee lindert Erkrankungen der Bronchien.

Pflanze	*verwendbarer Teil*	*Menge*	*Heilwirkung*
Berberitze *(Berberis vulg.)* 4–6	Wurzelrinde trocknen	½–1 Teelöffel auf 1 Glas Wasser, Absud	Leber- u. Gallenerkrankungen, Gelbsucht, Gicht, Rheuma
Bitterklee *(Menyanthes trifoliata)* 4, 6 u. 8	Blätter trocknen	½ Teelöffel auf 1 Glas Wasser, Aufguß	Fieber, Magenverschleimung, Magenschwäche, Kopf- u. Nervenschmerzen
Brennessel *(Urtica dioica)* 7–9	junges Laub u. Wurzeln trocknen	1 Eßlöffel (gemischt) auf ¼ l Wasser, Aufguß	Wassersucht, Leberbeschwerden, Verschleimung, Gicht
Eisenkraut *(Verbena officinalis)* 7, 8, 9	ganze Pflanze einschl. Wurzel	1 ½ Teelöffel auf 1 Glas Wasser, kalt ansetzen	Erschöpfungszustand, leichte Magenbeschwerden
Fenchel *(Foeniculum vulgare)* 9–10	Samen	1 Teelöffel auf 1 Glas Wasser, Aufguß	Verdauungsstörungen, Verstopfung, Blähungen, Magen- u. Darmkrämpfe
Gänseblümchen *(Bellis perennis)* 5–9	blühende Pflanze frisch oder trocknen	1 ½ Teelöffel auf 1 Glas Wasser, Absud	Hautleiden, Bronchialasthma, Fieber, Galle- und Lebermittel
Hopfen *(Humulus lupulus)* 8–9	Fruchtzapfen trocknen	1 Teelöffel Schuppen auf 1 Glas Wasser, Aufguß	Schlaflosigkeit, Verdauungsträgheit, Appetitlosigkeit
Huflattich *(Tussilago farfara)* 2–4	Blütenköpfe u. Blätter ohne Stiel, trocknen	2 Teelöffel auf 1 Glas Wasser, leicht kochen. Tee nicht dauerhaft trinken	sämtl. Erkältungskrankheiten, Appetitlosigkeit, Schlaflosigkeit
Kamille *(Matricaria chamomilla)* 5–7	Blütenköpfe trocknen	2 Teelöffel auf 1 Glas Wasser, Aufguß	Koliken, Schmerzzustände, Magen- u. Darmkatarrh, Entzündungen
Königskerze *(Verbascum thapsus)* 7–9	Blüten ohne Kelche, trocknen	1 Teelöffel auf 1 Glas Wasser, Aufguß	Bronchialkatarrh, Husten u. Heiserkeit, starker Schnupfen

Pflanze	*verwendbarer Teil*	*Menge*	*Heilwirkung*
Lavendel *(Lavendula angustifolia)* 7–8	Blüten u. Blätter trocknen	1 ½ Teelöffel auf 1 Glas Wasser, Aufguß	Nervenschwäche, Migräne, Schwindelanfälle
Liebstöckel *(Levisticum officinale)*	Wurzel trocknen	zerkleinert, 1 Teelöffel auf 1 Glas Wasser, Aufguß	Verschleimung der Atemwege, Migräne, Appetitlosigkeit, Schwächeanfälle
Löwenzahn *(Taraxum officinale)* 4–5	Blätter u. Wurzel vor der Blüte, trocknen	1 Teelöffel auf 1 Glas Wasser, Aufguß o. Absud	Leber- u. Gallenbeschwerden, Antriebsschwäche
Lungenkraut *(Pulmonaria officinalis)* 6, 7, 8	Blätter trocknen	2 Teelöffel auf 1 Glas Wasser, Aufguß	Kehlkopf- u. Luftröhrenkatarrh, Bronchitis, Grippe
Melisse *(Melissa officinalis)* 6/7	Blätter trocknen	3–5 g auf 1 Glas Wasser, Aufguß	Appetitlosigkeit, Herzstörungen, Nervenschwäche, Erkältungen
Mistel *(Viscum album)* 9–10	Blätter trocknen, zerkleinern	1 Teelöffel auf 1 Glas Wasser, über Nacht kalt ansetzen	Erhöhter Blutdruck m. Schwindelanfällen, Krämpfe, Arterienverkalkung
Pfefferminze *(Mentha piperita)* 5/6	Blätter trocknen	2 Teelöffel auf 1 Glas Wasser, Aufguß	Darm- u. Leberstörungen, Übelkeit, Krämpfe, Migräne, Schlaflosigkeit
Raute *(Ruta graveolens)* 6 u. 8	blühendes Kraut trocknen	1 Teelöffel auf 1 Glas Wasser, Aufguß	Atembeschwerden, Herzklopfen, Erkältungskrankheiten
Ringelblume *(Calendula officinalis)* 6–10	Blätter und Blüten trocknen	1 Teelöffel auf 1 Glas Wasser, Aufguß	Drüsenentzündungen u. -verhärtungen, furunkulose Hautausschläge
Rosmarin *(Rosmarinus officinalis)* 3–5	Blüten u. Blätter trocknen	1 Teelöffel auf 1 Glas Wasser, Aufguß	Leberstauungen, Blutandrang u. Kopf-, Nervenschmerzen, Durchblutungsstörungen

Pflanze	*verwendbarer Teil*	*Menge*	*Heilwirkung*
Salbei *(Salvia officinalis)* 5/6	Blätter und junge Triebe	1 Teelöffel auf 1 Glas Wasser, Aufguß	alle Erkältungskrankheiten, Atemnot, Leber- u. Gallenentzündungen, Magenverschleimung, Nachtschweiß
Eibisch *(Althaea officinalis)* 6–7	Blätter, vor der Blüte, in 7/8 auch Blüten	1 Eßlöffel auf 1 Glas Wasser, Aufguß	Erkrankungen der Atmungsorgane, Blasen- u. Darmentzündungen
Schafgarbe *(Achillea millefolium)* 5–7	ganze Pflanze zu Beginn der Blüte trocknen	1 Eßlöffel auf 1 Glas Wasser, Aufguß	Nieren- u. Leberstörungen, Appetitlosigkeit, Blutstauungen in den Venen
Taubnessel, weiße *(Lamium album)* 6/7	Blüten trocknen	3 Eßlöffel auf ¼ l Wasser	Blasen- sowie Nierenleiden, Schlaflosigkeit, Magendrücken
Thymian *(Thymus vulgaris)* 6, 7, 8	blühendes Kraut	1 ½ Teelöffel auf 1 Glas Wasser, Aufguß	Keuchhusten, Bronchialerkrankungen, Magenkatarrh, Magendrücken
Wacholder *(Juniperus communis)* 10/11	Reife (blaue) Beeren trocknen	1 Teelöffel zerquetschte Beeren auf 1 Glas Wasser	Blasenerkrankungen, Magenschwäche, Wassersucht, Magen- u. Darmbeschwerden, Stoffwechselstörungen
Walnuß *(Juglans regia)* 6	Blätter	2 Teelöffel (zerkleinert) auf 1 Glas Wasser	Verdauungsschwäche, Blutarmut, Magen- u. Darmbeschwerden, Hautkrankheiten
Weißdorn *(Crataegus laevigata)* 4/5	Blüten, Herbstfrüchte, beides trocknen	1 Eßlöffel Blüten oder Früchte oder beides	Kreislaufschwäche, Angstzustände, Herzklopfen, Fettleibigkeit
Wermut *(Artemisia absinthium)* 7, 8, 9	Blüten u. Blätter trocknen	1 Teelöffel auf 1 Glas Wasser	Verdauungsstörungen, Schlaflosigkeit, Magen- und Gallenschwäche, Stoffwechselstörungen

Saatgutbedarf

Damit man sich beim Kauf von Saatgut für den geplanten Gemüsegarten orientieren kann, sind die benötigten Samenmengen je Gemüseart und die durchschnittlichen Erträge pro Quadratmeter Gemüse-Gartenland hier zusammengestellt.
Bei Direktsaat rechnet man immer mit einem größeren Saatgutbedarf als bei Jungpflanzenvorkultur.

Wieviel Saatgut braucht man im Gemüsebeet?

	Gemüseart	*Menge in Gramm pro m²*	*Ertrag pro m²*
**	**Bleichsellerie**	–	8–10 Stück
	Bohnen		
	Buschbohnen	8–10	1–1,5 kg
	Stangenbohnen	7,5–10	2–3 kg
	Puffbohnen	20–30	2–3 kg Hülsen, 0,5–1 kg Körner milchig
	Chicorée	0,5	25 Wurzeln
	Erbsen (Mark-, Pal-, Zuckererbsen)	20–25	1–1,5 kg
	Gurken	0,5–1	2–3 kg kleine Gurken, 3–4 kg Salatgurken
**	**Knollensellerie**	–	4–5 Stück
*	**Kohl**		
	Brokkoli	0,5	1–2 kg
	Blumenkohl	0,5	4–5 Stück
	Grünkohl	0,5	2–3 kg
	Kohlrabi	0,5	10–12 Stück
	Rosenkohl	0,5	1,5–2 kg
	Rotkohl	0,5	3–6 Stück
	Weißkohl	0,5	4–6 Stück
	Wirsingkohl	0,5	4–6 Stück
	Chinakohl	0,5	4–5 Stück
	Mangold	1,5–3	3 kg
	Möhren	0,4–0,6	Frühsorten bis 4 kg, Spätsorten bis 7 kg
	Porree	0,5	3–4 kg
	Radies	3–4	200–300 Stück
	Rettich	2	bis 25 Stück
	rote Rüben	2–3	2–4 kg
	Salat		
	* Endivien	0,2	bis 12 Stück
	Feldsalat	2–3	400–600 g
	* Kopfsalat	0,1	12–15 Stück
	Schwarzwurzeln	1,5–2	2–3 kg
	Spinat	6–8	1–1,5 kg
*	**Tomaten**	0,05	4–8 kg
*	**Zucchini**	–	25 Früchte pro Pflanze
	Zwiebeln		
	Steckzwiebeln	50–70	3–4 kg
	Saatzwiebeln	0,6–0,8	3–4 kg

* Meist Jungpflanzenanzucht
** Zukauf von Jungpflanzen

Der Fachhandel bietet viele Variationen von Gewächs- und Folienhäusern an; wer geschickt ist, kann sich natürlich auch selbst eines bauen. Oft reichen auch nur zwei Scheiben, um ein günstiges Kleinklima zur Anzucht zu gewinnen.

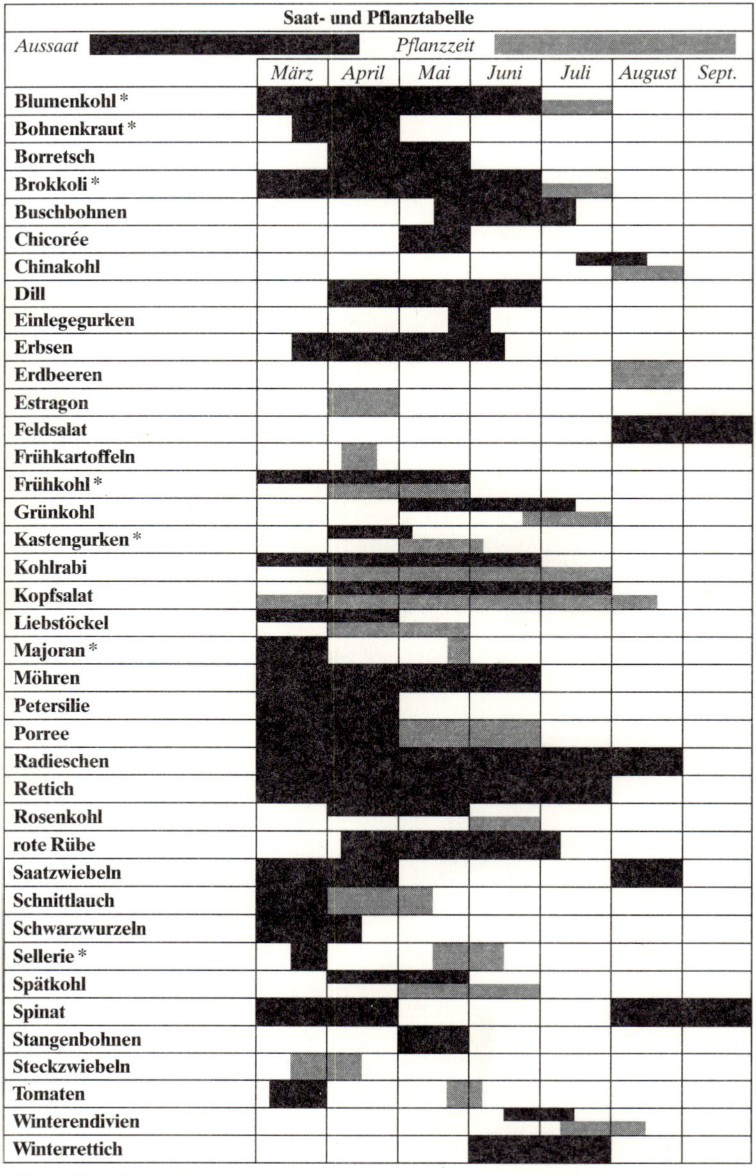

* Warme Vorkultur bei Aussaaten im März/April

Wichtig für jedes Frühbeet ist ausreichendes Lüften. Abdeckung mit Strohmatten oder Decken in kühlen Nächten.

Möglichkeiten der Ernteverfrühung

Da in unseren Breiten die Vegetationsperiode für manche Pflanzen recht kurz ist, hat man gärtnerische Möglichkeiten erdacht, mit der Anzucht von Pflanzen so früh wie möglich zu beginnen. Da ist als erstes die Anzucht auf der Fensterbank zu nennen. Man sät in Schalen, Töpfe oder Kästen aus, hält die Gefäße bis zur Keimung warm und feucht und kann dann die Pflänzchen schon bald in guter Gartenerde, der man etwas Sand, Kompost und Torf beimischt, vereinzeln. Sobald der Winter draußen endgültig vorbei ist, kommen die Pflanzen ins Freiland.

Das »Mistbeet« oder »Frühbeet« im Garten braucht sehr viel Wartung und Pflege, wenn es wirklich sinnvoll genutzt werden soll. Durch das »Packen« mit Pferde- oder Rindermist werden die jungen Pflanzen gegen die Frühjahrskälte ge-

LINKS: Aus dieser Saat- und Pflanztabelle läßt sich ablesen, wann Gemüse und Kräuter gesät bzw. gepflanzt werden.

schützt. Mit einer 30–50 cm starken Schicht wird eine gute Wärmeentwicklung erreicht.

Feste Packungen geben die Wärme langsamer ab. Abgedeckt wird mit einer 20 cm starken Erdschicht, die nicht weiter als 25 cm von der Glasfläche entfernt sein sollte. Gepflanzt werden kann erst 3–5 Tage nach dem Packen, damit das sich bildende, schädliche Ammoniak entweichen kann. In kalten Nächten wird das Frühbeet mit Decken oder Säcken abgedeckt. An sonnigen Tagen Lüften nicht vergessen. Lieber zuviel als zuwenig lüften! Der im Februar gepflanzte Salat kann im April geerntet werden.

Vom kalten Kasten spricht man, wenn das Frühbeet nicht mit Mist gepackt wurde.

Auch der kalte Kasten bringt noch einen zeitlichen Vorsprung gegenüber den Pflanzen im Freiland, wenn er auch lange nicht so groß ist wie beim »gepackten« Mistbeet. Frühbeetkästen sind aus Holz, Plastik oder aus Beton gefertigt. Wärmer ist der Frühbeetkasten aus Holz, länger haltbar der aus Zement. Heute gibt es vielerlei Ausführungen aus vorgefertigten Elementen, die nur noch an Ort und Stelle zusammengebaut werden müssen. Man kann sie im Boden fest verankern. Ein nicht feststehender Wanderkasten kann über verschiedene Kulturen im Garten gestellt werden. Ein selbstlüftendes Frühbeet braucht weniger Wartung.

Ein Frühbeetfenster mißt normalerweise 100 × 150 cm. Es soll beim Einbau ein Gefälle von 10–12% aufweisen (d. h. die Oberkante soll etwa 10 bis 15 cm höher liegen als die Unterkante). Statt mit Glas kann man den Fensterrahmen auch mit Folie bespannen.

Als Ersatz für das Frühbeet kann auch der Folientunnel gute Dienste tun. Über das Gartenbeet, das in Nord-Süd-Richtung liegen sollte, werden im Abstand von 40–80 cm Bogen aus starkem Draht in die Erde gesteckt mit einer Firsthöhe, die sich nach den darunter wachsenden Pflanzen richtet. Die Bogen werden durch längs verlaufende Spanndrähte miteinander verbunden. Über das Ganze wird die Folie gelegt, deren Kanten am Ende in die Erde eingegraben werden. Mit Wäscheklammern wird die Folie an den Drahtbügeln befestigt, oder über die Folienbahn werden weitere Drahtbogen gespannt. An der windzugewandten Seite wird die Folie fest mit Erde angehäufelt, auf der Ostseite wird mit Steinen beschwert, so daß man den Tunnel lüften kann. Die Öffnung an der Seite des Tunnels muß bei kühlem Wetter im Frühjahr und Herbst und über Nacht geschlossen werden. Tagsüber aber muß Luft an die Pflanzen kommen.

Wem der Folientunnel zuviel Arbeit macht, der kann es mit einer Flachabdeckung versuchen. Hier gibt es Folienauflagen mit verschieden großer Lochung, Vliese und die wachsende Folie mit Schlitzen.

Um ein Vielfaches teurer ist das Kleingewächshaus aus Folie oder Glas, von dem so viele Hobbygärtner bisher noch träumen.

Wer ein Kleingewächshaus einmal hat, der kann es sich aus dem Garten gar nicht mehr wegdenken. Es ist vielseitig einsetzbar, und der Erfolg mit den Kulturen ist besonders groß. Auf dem Markt werden sehr viele Kleingewächshäuser angeboten, manch einer versucht es auch in Selbstbauweise.

Der Obstgarten – Anlage und Pflege

Obstbäume werden heute in vielen Formen und Größen angeboten; man findet in den Baumschulen Exemplare, die für einen weiträumigen Obstgarten geeignet sind und deren Astwerk erst in etwa 1,80 m Höhe über dem Boden beginnt.

Solche Hochstämme sind sehr schön, aber nur für Obstwiesen, als Hof- oder Straßenobstbäume geeignet. Sie sind robust, tragen erst spät, dafür aber um so länger. Mittel- oder Halbstämme mit den ca. 1,20 m über dem Boden beginnenden Ästen sind für kleinere Gärten meist noch zu groß.

Ideal für den kleinen Garten sind der Buschbaum (50 bis 80 cm Stammlänge) und der Spindelbaum oder Spindelbusch, dessen Hauptstamm von 40 cm über dem Erdboden an mehrere kurze Seitentriebe hat, die ihn rings umgeben. Eine solche Spindel braucht nur etwa 6–9 m^2 Fläche bei einem seitlichen Abstand von 2–3 m und trägt im Durchschnitt 15–30 kg Obst. Notwendig ist allerdings jährlicher Schnitt im Winter und möglichst auch ein Sommerschnitt. Die Ernte beginnt früher als bei Hoch- und Halbstämmen. Buschbäume mit 3–4 Leitästen beanspruchen etwa 25 m^2 Fläche, erbringen aber zugleich etwa das Doppelte an Erträgen des Spindelbaums. Ihre Äste beginnen in ca. 60 cm Höhe über dem Boden. In kleine Selbstver-

Die Apfelsorte »Roter Berlepsch« als Spindelbaum gezogen.

sorgergärten passen gut die als Spalier gezogenen Obstbäume. Bei manchen Spalierformen ist der Fruchtholzschnitt nicht einfach.

Unsere Obstarten stammen meist von Wildarten ab.

Die Kultursorten sind das Ergebnis langer Züchtungsarbeit. Fast alle Obstsorten können nicht durch Samen vermehrt werden, da die Nachkommen nicht mehr sortentypisch sind. Obstbäume bestehen aus Unterlage und Edelreis. Manche Birnensorten vertragen sich nicht mit ihrer Unterlage und müssen nochmals zwischenveredelt werden. Die Wuchskraft, die Lebensdauer und der Ertragsbeginn des entstehenden Baumes richten sich nach der Unterlage, während Aussehen und Geschmack der Früchte vom aufgepfropften Edelreis bzw. dem sich daraus entwickelnden »oberirdischen« Baum abhängig sind. Schwachwüchsige Unterlagen haben meist höhere Ansprüche an den Boden. Da der Obstbaum eine Lebensgemeinschaft darstellt, nämlich von Unterlage und oberirdischer Krone, versucht jeder Teil, sich selbständig zu machen; Triebe unterhalb der Veredelungsstelle müssen sofort entfernt werden. Sitzt die Veredelungsstelle im Boden, bildet der veredelte Teil des Baumes eigene Wurzeln. Die guten Eigenschaften der Sämlings- oder vegetativ vermehrten Unterlage gehen verloren. Dann beginnt der Fruchtertrag erst sehr viel später. Deshalb soll die Veredelungsstelle immer über dem Erdboden liegen. Beim Pflanzen legt man deshalb eine Holzleiste über die Ränder der Pflanzgrube, um diese Forderung besser zu erfüllen.

Obstbäume werden auf Dauer gepflanzt. Man hat sie nicht für 1 Jahr und auch nicht für 5 Jahre. Deshalb läßt man dem Platz, auf dem man sie einsetzen will, besondere Aufmerksamkeit zukommen. Und man wählt die Baumart so aus, daß sie in die Gegend, in der die Bäume stehen und Früchte tragen sollen, paßt. Die Pflanzstelle wird dann an einem möglichst geschützten und sonnigen Platz des Gartens gewählt und die Pflanzgrube sorgfältig vorbereitet. Zuerst wird der Aushub mit Kompost und Gesteinsmehl angereichert. Dann wird der Boden der Grube aufgelockert und mit Gesteinsmehl bestreut. Bevor der Baum gesetzt wird, muß der spätere Stützstock schräg eingeschlagen werden; man imprägniert ihn am besten

Pflanzabstände von Obstbäumen und Beerensträuchern			
Obstart	*Baumform*	*Abstand/m*	*Fläche/qm*
Apfel, Birne, Süßkirsche auf Sämling	Hochstamm Halbstamm	10–12	100
Apfel auf EM XI	Viertelstamm	5–6	30
Sauerkirsche, Pflaume, Zwetschge	Viertelstamm	5–8	40
Sauerkirsche	Busch	4–6	25
Pfirsich, Aprikose	Busch	5–7	35
Apfel	Busch	4–6	25
Birne	Busch	5–8	40
Quitte	Busch	5	25
Apfel, Birne	Spindelbusch	2,5–3	6–9
Apfel, Birne	senkrechter Schnurbaum	2–3	5
Apfel, Birne, Pfirsich	Flächenspalier	4–5	10 lfdm
Beerensträucher	*Wuchsform*	*Abstand/m*	*Fläche/qm*
Stachelbeere Stachelbeere	Stamm Strauch	1 × 1 2 × 1,5	1 3
Johannisbeere	Strauch	2 × 2	4
Himbeere	Strauch	0,5 × 1,5	0,75
Brombeere	Strauch	1,5 × 3	4,5
Haselnuß	Strauch	3–5	15–25

Das Wurzelwerk aller Gehölze ist sehr empfindlich.

an dem Ende, das im Boden steckt, mit Bienenwachs. Es ist günstig, die Wurzeln des Baumes vorzubehandeln, indem man beschädigte Enden sauber beschneidet und das Wurzelwerk in einen präparierten Lehmbrei (Preicobact) taucht. Beim Zuschütten der Pflanzgrube ist darauf zu achten, daß die Veredelungsstelle unbedingt frei bleibt. Dann wird das Bäumchen an seinen Stützstock gebunden und gut gewässert. Günstig ist auch, die Pflanzstelle mit einer Schicht von trokkenem Laub oder von welkem Gras abzudecken.

Das Schneiden der Obstbäume und Beerensträucher

Äpfel und Birnen bringen ihre Früchte meist an den kurzen Nebentrieben hervor, die man auch als Fruchtholz bezeichnet. Die Blütenknospen sind rundlich, die Blattknospen schlank und länglich. Deshalb muß durch den Schnitt die Bildung des Fruchtholzes nach Kräften gefördert werden.

Wer sein Bäumchen in der Baumschule kauft, läßt den Pflanzschnitt dort durchführen. Beim Buschbaum werden 3 Leitäste und 1 Mitteltrieb belassen, die ca. 20–30 cm über der zukünftigen Stammhöhe abgeschnitten werden. In den nächsten Jahren werden in erster Linie die nach innen wachsen-

Für den fachmännischen Obstbaumschnitt braucht man gutes Werkzeug.

den Triebe entfernt, die anderen Triebe kürzt man je nach Wachstum stärker oder schwächer ein. Bei der Spindel fehlen die Leitäste, das Astgerüst besteht nur aus dem Mitteltrieb (Stamm) und den Fruchtästen. Bei einjährigen Veredelungen wird der Mitteltrieb auf 70 bis 90 cm über dem Boden abgeschnitten. Alle anderen Triebe werden bis 50 cm über dem Boden abgeschnitten. Rasches Fruchten wird durch Abbinden der Äste in die Saftwaage erreicht. Bei geringem Blütenknospenansatz werden die Seitentriebe leicht eingekürzt.

Bei allen Obstarten empfiehlt es sich, den Baum immer gut auszulichten, damit allzu dicht und quer wachsende Äste entfernt werden. Die Mitte des Baumes sollte offen, die Äste müssen gleichmäßig über die ganze Krone verteilt sein. Dann bekommen die Früchte genügend Licht, sind schön gefärbt und schmecken gut.

Kirschen: Süßkirschen sind sehr beliebte Früchte zum Frischessen, Sauerkirschen werden im Haushalt zu Saft und Marmelade verwertet. Kirschen reifen sehr früh, Süßkirschen wachsen besonders stark, da die zur Zeit zur Verfügung stehenden Unterlagen sehr starkwüchsig sind; schwachwachsende Unterlagen werden zur Zeit erprobt. Süßkirschen werden meist nur in den ersten Jahren geschnitten, um die Krone aufzubauen. Später wird nur mehr ausgelichtet. Die meisten Früchte bilden sich an den Kurztrieben. Im Holz sind sie sehr frostempfindlich. Ein Süßkirschenbaum verlangt unverhältnismäßig viel Platz und kommt deshalb für einen normalen oder gar kleinen Garten kaum in Frage, zumal man immer zwei Sorten braucht, damit die Bäume befruchtet werden. Alle Süßkirschensorten sind nämlich selbst unfruchtbar. Sauerkirschen wachsen langsamer als Süßkirschen und bleiben kleiner. Die meisten Sorten sind selbst fruchtbar, so daß ein Baum im Garten genügt. Die Frucht-

Kirschblüten

äste sind dünner als die der Süßkirsche, ihr Wuchs ist hängend. Sie müssen stärker geschnitten werden als die Süßkirschenbäume. Die selbstfruchtbare »Schattenmorelle« ist die meistangebaute Sauerkirschensorte. Sie wächst am besten in windgeschützter Lage auf gutem Boden und reift in sonnigen Lagen am besten aus. Fälschlicherweise glaubt man, daß sie ihrem Namen entsprechend auch auf schattiger Nordseite angebaut werden kann. Gerade diese Sauerkirschensorte muß immer wieder kräftig zurückgeschnitten werden. Sonst kommt es zur Verkahlung und zu Hängewuchs. Früchte trägt sie hauptsächlich an einjährigen Trieben. Sauerkirschen lassen sich auch als freie Fächer ziehen. Wenn sie an Mauern erzogen werden sollen, brauchen sie zuerst ein Gerüst, damit sie in der gewünschten fächerartigen Form gezogen werden können. Dazu muß der Haupttrieb auf ca.

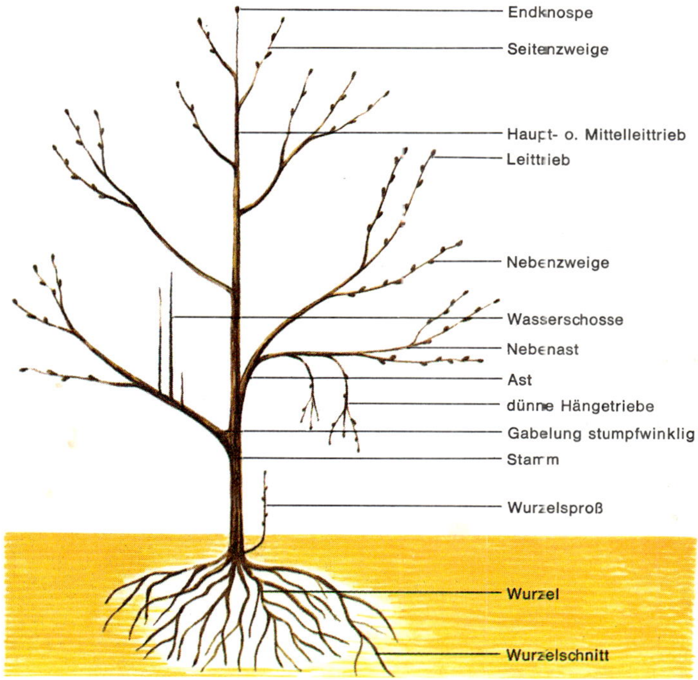

Aufbau eines Obstbaums von der Wurzel bis zur Endknospe.

40–50 cm über den ersten Seitentrieben eingekürzt werden. Zwei kräftige Seitentriebe werden belassen und flach am Spalier angebunden. Der Mitteltrieb wächst kräftig weiter, die entstehenden Seitentriebe werden im nächsten Jahr wieder schräg angebunden, der Mitteltrieb erneut eingekürzt. Bei gewünschter Höhe des Obstspaliers wird der Mitteltrieb schräg abgebogen, damit der Wuchs nachläßt. In den kommenden Jahren schneidet man zu dicht wachsende Äste oder solche, die sich in die falsche Richtung entwickeln, im Hochsommer heraus. Auch Steiltriebe, die sich nicht waagrecht binden lassen, werden entfernt. Stark formierte Spalierbäume (Palmette, Schnurbaum) erfordern einiges Geschick und sind für Sauerkirschen weniger geeignet.

Pfirsiche können auf die gleiche Weise an Mauern erzogen werden wie Sauerkirschen; auch hier empfiehlt sich der fächerförmige Schnitt. Der Baum trägt am vorjährigen Holz an langen Trieben, soll also durch den Schnitt angehalten werden, immer neue Triebe zu entwickeln. Im Frühjahr wählt man an der Basis des vorjährigen Holzes zwei Knospen aus, die im kommenden Jahr

Pfirsiche sind sehr empfindlich gegen Fröste, brauchen viel Sonne und Schutz nach Norden und Osten.

Pflaumen sind unkompliziert, problemlos und sehr widerstandsfähig.

Triebe hervorbringen sollen, an denen Früchte wachsen. Darunterliegende Knospen werden abgeknipst. Bei echten Fruchttrieben schneidet man auf 6–8 Augen zurück. Es bleiben genügend Blätter über der Frucht stehen, so daß die Früchte groß genug werden können. Der weniger günstig plazierte von den beiden Seitentrieben wird, wenn sich 2 Fruchttriebe gebildet haben, entfernt. Nach der Ernte oder im nächsten Jahr wird abgetragenes Holz auf 2 Knospen zurückgeschnitten. Pfirsichbäume tragen nur jedes Jahr, wenn sie immer stark geschnitten werden.

Die wärmeliebende **Aprikose** eignet sich besonders in spätfrostgefährdeten Gebieten als Wandspalier. Geschnitten wird sie weniger stark als der Pfirsich. Regelmäßiges Auslichten und Verjüngen durch starken Rückschnitt der Langtriebe ist notwendig. Blüten bilden sich am einjährigen Holz und am kurzen Fruchtholz. Sorgfältige Wundbehandlung ist anzuraten. Die Sorten »Ungarische Beste« oder die »Aprikose von Nancy« sind selbst fruchtbar und lassen sich gut als Spalier anbauen.

Pflaumen pflanzt man am besten einjährig, weil man den Baum dann nach eigenen Vorstellungen erziehen kann. Im ersten Winter gilt es, die künftige Baumkrone aufzubauen und 3–4 gleich lange Leitäste zu bestimmen, die bis maximal um die Hälfte auf eine nach außen gerichtete Knospe zurückgeschnitten werden müssen. Der Mitteltrieb wird auf Handbreite über den Leitästen eingekürzt. In den nächsten Jahren werden Mitteltrieb und Seitenäste immer noch stärker eingekürzt; etwa nach dem 5. Jahr braucht man nur mehr auszulichten und das Fruchtholz zu verjüngen. Dabei ist besonderes Augenmerk auf das Entfernen von Konkurrenztrieben zu legen, da vor allem sehr steil stehende Äste bei diesen Steinobstarten gerne abbrechen. Wurzelschößlinge müssen immer wieder bis in den Boden zurückgeschnitten werden.

Himbeeren bringen in jedem Jahr neue Bodentriebe hervor, deshalb müssen sie alljährlich kräftig beschnitten werden. 6–8 kräftige Ruten pro Pflanze genügen. An vorjährigen Ruten entwickeln sich die Früchte bei den einmal tragenden Sorten, Jungruten tragen bereits die Früchte der mehrmals fruchtenden Sorten. Bei Neuanpflanzung von Himbeeren sollte man einen Abstand von mindestens 50 cm einhalten und die Ruten auf 30 bis 40 cm zurückschneiden. Ein Mulchen des Bodens ist unumgänglich. Kurz nach der Ernte kann das alte Holz entfernt werden, und zwar direkt über dem Boden. Die Ruten müssen im Winter vorsichtig an Drähten festgebunden werden. Durch Verletzung könnte die gefährliche Rutenkrankheit übertragen werden. Alles, was im Frühjahr über den oberen Draht hinaussteht, wird abgeschnitten. Ruten mit über 2 m Länge bringen zwar noch Früchte, die aber meist schon klein sind. Durch das Einkürzen werden die restlichen Früchte besonders groß. Ist die Ernte vorbei, schneidet man alle Äste, die Früchte getragen haben, über der Basis ab.

Zweimal oder mehrmals fruchtende Sorten schneidet man im Frühjahr, ehe der Austrieb beginnt, bis auf wenige Zentimeter über dem Boden zurück und lichtet die neuen Triebe kräftig aus. Sie brauchen keine Stütze, da sie etwa 1 m hoch wachsen.

Brombeeren werden besser im Frühjahr gepflanzt, und zwar in eine mit Kompost angereicherte Pflanzgrube. Sie werden am Drahtgerüst gezogen. Brombeeren tragen an den Nebentrieben der vorjährigen Äste ihre Früchte. Sofort nach der Ernte werden die Ranken, die Früchte getragen haben, vollständig zurückgeschnitten. Entfernt werden sie nicht, sondern dienen den Jungruten als Winterschutz. Jungtriebe erzieht man am besten nach einer Seite hin. Brombeerranken werden an Drähten festgebunden. Wichtig ist der Sommerschnitt der Seitentriebe, die ab Juli aus den Jungtrieben wachsen. Diese Geiztriebe, die sonst sehr lang werden, müssen bis zum Frühherbst bei einer Länge von 30–40 cm auf 2–4 Augen eingekürzt werden.

So bleibt die Hecke übersichtlich, und im nächsten Jahr gibt es zahlreiche Fruchtstände mit großen Beeren.

Stachelbeeren pflanzt man am besten nach der Vegetationsperiode im Frühwinter und schneidet dabei die kräftigen Triebe um rund ein Drittel zurück. Alle übrigen Triebe werden entfernt. Bei älteren Sträuchern reichen 6–8 Haupttriebe aus. Ein solcher Schnitt wird alljährlich im Winter wiederholt. Stachelbeeren sollten nicht zu ausladend werden und immer so geschnitten sein, daß man die Früchte ernten kann, ohne Kratzer davonzutragen. Damit die Beeren im Sommer von der Sonne erreicht werden, sind die Sträucher auszulichten. Zu dicht stehende Seitentriebe schneidet man weg oder kürzt sie stark ein. Tritt der Amerikanische Mehltau auf, so sind alle Triebspitzen einzukürzen.

Johannisbeeren, rote und weiße, bringen ihre Früchte an den Trieben des 2- oder 3jährigen Holzes hervor. Der Strauch wird aus etwa 8–10 starken Ästen aufge-

Die Johannisbeere ist eine wichtige Gartenfrucht mit wertvollen Inhaltsstoffen.

baut, im Winter oder Frühjahr schneidet man die Leittriebe um etwa 50 Prozent zurück, im Sommer werden die Nebenäste beschnitten (auf 5 Blätter). Bei älteren Sträuchern muß immer wieder das älteste Holz ausgeschnitten werden, um jungen Trieben Platz zu machen.

Schwarze Johannisbeeren tragen ihre Früchte an vorjährigen Trieben. Bei einer Neupflanzung im Herbst werden dann alle Triebe radikal (auf 4–5 cm über dem Boden und höchstens 2 Knospen) zurückgeschnitten, wenn der Strauch noch nicht genügend

Die schwarze Johannisbeere ist für ihren hohen Vitamin-C-Gehalt bekannt.

Triebe besitzt. Mit 8–10 Leitästen wird der Strauch aufgebaut, und man läßt später auch nicht mehr stehen. Im Laufe der Jahre muß immer wieder altes Holz schon am Boden entfernt werden, damit sich von unten herauf neue kräftige Triebe bilden können. Seitentriebe werden nicht eingekürzt.

Obstsorten

Da die einzelnen Sorten ganz bestimmte Ansprüche an Lage und Boden stellen, kann ein Obstbaum, der im Norden gute und reichlich Früchte trägt, in Bayern fehl am Platz sein. Lokalsorten, die in keiner Baumschule geführt, sondern nur von Kennern weitergegeben werden, sind oft die besten Sorten dieser Gegend. Deshalb ist es schwer, für alle Standorte Sorten zu empfehlen. Wichtig ist nur, zu wissen, wann die Obstsorten reif werden. Pflückreif sind Äpfel und Birnen, wenn sie sich durch Drehen am Stiel vom Baum ablösen lassen. Dieser Zeitpunkt ist in der Regel im Herbst gekommen. Werden sie zum richtigen Zeitpunkt geerntet, so sind vor allem Äpfel je nach Sorte lange lagerfähig. Genußreif aber ist das Kernobst, wenn es erst nach entsprechender Lagerung seinen optimalen

Reife Aprikosen gehören zu den köstlichsten Gartenfrüchten.

Geschmack erhält. Die Bezeichnung früh oder spät bezieht sich darauf. Zu früh gepflücktes Obst reift nicht gut nach. Steinobst wird kurz vor der Genußreife geerntet. Im Hausgarten pflückt man immer die reifsten Früchte heraus.

Bewährte Obstsorten und ihre Genußreife

Obstsorte	*Genußreife*
Äpfel	
Weißer Klarapfel	Juli–August
James Grieve	August–November
Geheimrat Dr. Oldenburg	September–November
Goldparmäne	Oktober–Dezember
Gelber Edelapfel	Oktober–März
Landsberger Renette	November–Februar
Cox' Orangenrenette	Oktober–März
Schöner aus Nordhausen	November–März
Zuccalmaglio-Renette	November–März
Schöner von Boskoop	Dezember–April
Ontario	Dezember–Mai
Golden Delicious	November–Juli
Elstar	Oktober–Februar
Birnen	
Bunte Julibirne	Juli–August
Clapps Liebling	August–September
Frühe aus Trévoux	August
Williams Christbirne	August–September
Gellerts Butterbirne	August–Oktober
Bosc's Flaschenbirne	September–Dezember
Conférence	Oktober–Dezember
Vereins-Dechantsbirne	Oktober–Februar
Köstliche aus Charneu	Oktober–November
Alexander Lukas	Oktober–Dezember
Gräfin von Paris	November–Februar
Madame Verté	Dezember–Januar
Süßkirschen	
Kassins Frühe	1.–2. Kirschenwoche
Große Prinzessin-Kirsche	4. Kirschenwoche
Hedelfinger Riesen	4.–5. Kirschenwoche
Büttners späte rote Knorpelkirsche	5.–6. Kirschenwoche
Schneiders späte Knorpelkirsche	5.–6. Kirschenwoche
Sauerkirschen	
Köröser Weichsel	5.–6. Kirschenwoche
Schattenmorelle (große lange Lotkirsche)	6.–7. Kirschenwoche

Obstsorte	*Genußreife*
Pflaumen/Zwetschgen	
Lützelsachser Frühzwetschge	Juli–Mitte August
Mirabelle von Nancy	August
Zimmers Frühzwetschge	August
Bühler Frühzwetschge	August–September
The Czar	August–September
Wangenheims Frühzwetschge	August–September
Kirkes Pflaume	September
Große grüne Reneklode	August–September
Reneklode Ouillins	August–September
Königin-Viktoria-Pflaume	August–September
Blaue Hauszwetschge	September–Oktober
Pfirsiche	
Mayflower	Juli
Amsden	Juli
Kernechter vom Vorgebirge	September
Proskauer Pfirsich	August
Aprikosen	
Aprikose von Breda	Juli
Wahre große Frühaprikose	Juli
Aprikose von Nancy	August
Ungarische Beste	August
Schwarze Johannisbeeren	Juni–August
Rosenthals langtraubige Schwarze	früh
Silvergieters Schwarze	früh
Wellington XXX	mittelfrüh
Daniels September	spät
Rote Johannisbeeren	
Jonkheer van Tets	früh
Red Lake	mittelfrüh
Rote Vierländer	mittelfrüh
Heinemanns rote Spätlese	spät
Heros	früh

Obstsorte	*Genußreife*
Weiße Johannisbeeren	
Weiße Versailler	früh
Weiße aus Jüterbog	früh
Rote Stachelbeeren	Juni – August
Maiherzog	früh
Rote Triumph	mittelfrüh
Gelbe Stachelbeeren	
Hönings Frühe	sehr früh
Gelbe Triumph	mittelfrüh
Grüne Stachelbeeren	
Grüne Kugel	mittelfrüh
Lady Delamere	spät
Weiße Stachelbeeren	
Weiße Triumph	mittelfrüh
Weiße Neckartal	früh
Himbeeren	ab Juli bis September
Malling Promise	sehr früh
Andenken an Paul Camenzind	früh
Schönemann	spät
Preußen	mittelfrüh
Himbostar	mittelfrüh
Romy (remontierend)	bis zum Frost
Zefa Herbsternte (remontierend)	bis zum Frost
Korbfüller	bis zum Frost
Brombeeren	
Theodor Reimers viele Stacheln (in kalten Wintern frostempfindlich)	ab August bis Spätherbst
Wilsons Frühe – wenig bewehrt	
Black Satin – stachellos	
Thornfree – stachellos	
Thornless Evergreen – stachellos	

Damit aus den Blüten am Baum auch Früchte entstehen, muß man die Befruchtungsverhältnisse kennen. Selbstunfruchtbar sind Äpfel und mit Ausnahme auch die Birnen, d. h., ihre Blüten müssen von Pollen anderer Sorten bestäubt werden. Süßkirschen sind selbstunfruchtbar, bei Sauerkirschen und auch bei Pflaumen gibt es selbstfruchtbare und -unfruchtbare Sorten. Wichtig ist auch, daß man einige gute Pollenspender unter seinen Bäumen und Sträuchern hat.

gute Pollenspender	**schlechte Pollenspender**
Äpfel	
Goldparmäne Cox' Orangenrenette Weißer Klarapfel Ontario Geheimrat Dr. Oldenburg Zuccalmaglio Charlamowsky Ananasrenette Grahams Jubiläumsapfel	Schöner von Boskoop Gravensteiner Kaiser Wilhelm Laxtons Superb Jakob Lebel Rheinischer Bohnapfel Goldrenette von Blenheim Kanada-Renette
Birnen	
Bosc's Flaschenbirne Bunte Julibirne Köstliche aus Charneux Clairgeaus Butterbirne Clapps Liebling Gellerts Butterbirne Williams Christ Gute Luise	Alexander Lucas Gute Graue Pastorenbirne Kongreßbirne
Pflaumen	
Hauszwetschge Königin Viktoria Bühler Frühzwetschge Wangenheims Frühzwetschge Sauerkirschen »Schattenmorelle«	Lützelsachser Frühzwetschge Große grüne Reineklode

Der Anbau von Erdbeeren

Besonders wertvolles Obst sind die Erdbeeren. Die flachwurzelnden Pflanzen brauchen besten Boden, der frei von Dauerunkräutern sein soll. Sandböden müssen mit Kompost verbessert werden. Die zur Pflanzung verwendeten Jungpflanzen sollen von einjährigen Pflanzen gewonnen sein. Da der Abstand der Pflanzreihen zwischen 30 und 50 cm groß sein muß, kann man im ersten Jahr eine Reihe Gemüse dazwischenpflanzen oder -säen (Salat, Möhren, Knoblauch). Kompostgaben und verdünnte Brennesseljauche verbessern den Boden. Pflanzzeit der Ableger ist Ende Juli bis Anfang August. Bei späterer Pflanzung sind die Erträge im nächsten Jahr nicht sehr hoch. Erdbeeren brauchen Zeit zum Anwachsen, und erst wenn sich genügend Wurzeln gebildet haben, können sie die Nährstoffe aufnehmen, die bei der Blütenanlage notwendig sind. Blütenknospen werden bereits im Herbst gebildet. Während der Blüte den Boden um die Pflanzen mit Stroh oder Rindenmulch abdekken. So bleiben die Früchte sauber und faulen weniger. Notwendig ist das Entfernen der bereits zur Erntezeit stark nachwachsenden Nebenranken, wenn keine Jungpflanzen benötigt werden. Unterbleibt es, sinkt der Ertrag zu stark. Erdbeeranlagen sollen nach spätestens vier Jahren gerodet werden, weil nur mehr kleine Früchte wachsen und der Ertrag nachläßt. Eine Neubepflanzung des gleichen Beets darf erst nach frühestens drei Jahren wieder erfolgen. Frühe Erdbeersorten für den Hausgarten sind unter anderen »Senga Precosa«, »Senga Pantagruelle«, »Mache-

»Gellerts Butterbirne« reift von August bis September und ist sehr aromatisch und saftig.

Strohunterlage zum Schutz der Erdbeeren gegen Schmutz und Schädlinge.

rauchs Marieva«, »Regina«, »Vigerla«, »Georg Soltwedel«. Später reifende Sorten sind »Senga Sengana«, »Asieta«, »Deutsch Everns Solweta«, »Mieze Schindler«. Monatserdbeeren (»Verbesserte Rügen«, »Baron Solemacher«, »Perle von Schwaben«) bringen nur kleine Früchte, dafür aber vom Sommer bis zum Herbst. Sie eignen sich auch als Beeteinfassungen. Walderdbeeraroma hat die kleinfrüchtige Sorte »Spadeka«. Mehrmals tragen die Sorten »Ostara« und »Hummi-Gento«. Eine Liebhabersorte ist sicher die Klettererdbeere »Hummi«.

Natürliche Schädlingsbekämpfung

Haben Obstbäume und Beerensträucher wie überhaupt Pflanzen den richtigen Standort, geeigneten Boden und reichlich Wasser, Luft und Licht, dann werden sie wenig von Schädlingen befallen bzw. leicht mit Viren, Bakterien, Milben, Insekten und Pilzen fertig. Zur

*Kapuzinerkresse (*Tropaeolum*), unter Obstbäume gesät, hält Blutläuse ab.*

Bekämpfung von Schädlingen sollte man ausschließlich biologische Mittel verwenden. Dazu gehören die Erhaltung oder Wiederherstellung des biologischen Gleichgewichts, also der natürlichen Lebensumwelt mit Tieren und anderen Pflanzen, die Schonung und Förderung der Nützlinge, Vogelschutz sowie ferner mechanische Maßnahmen (Abschneiden und Verbrennen befallener Pflanzen), Einsammeln von Käfern und Raupen, von befallenem Obst, das Beizen des Gemüsesaatgutes, die Desinfektion von benutzten Geräten (Bohnen- und Tomatenstangen). Wenn darüber hinaus etwas geschehen muß, sollte man nur mit Biospritzmitteln, wie man sie inzwischen im Fachhandel bekommt, oder mit den pflanzlichen Brühen oder der Schmierseifenlösung spritzen, deren Herstellung auf Seite 134 ff. beschrieben ist.

Tagetes sind nicht nur robuste, sommerfrohe Blüher, sie heilen den Boden auch von Wurzelälchen, die ihre Wurzelausscheidungen nicht vertragen.

So wird man mit Schädlingen und Krankheiten fertig

Pflanzenschutz ohne massive chemische Abwehrmittel und Gifte, das ist das Ziel des Biogärtners, der sein Gemüse und Obst aus dem eigenen Garten frisch und möglichst frei von schädlichen Rückständen ernten möchte. Schließlich enthalten heutzutage Luft und Regen schon Schadstoffe genug; der Gärtner sollte also nicht auch noch mit der Giftspritze das Seine dazutun.

Im folgenden werden Ratschläge für Anbau und Schädlingsbekämpfung bei einzelnen

Mirabellen sind mit der Pflaume verwandt, jedoch meist saftiger. Ihr Standortanspruch ist relativ hoch; sie brauchen viel Wärme.

Gemüse- und Obstarten gegeben. Darüber hinaus sollte sich, wer etwas gegen Krankheiten und Schädlinge in seinem Garten tun möchte, im Kapitel »Nützlinge« über große und kleine Tiere informieren, die ihm höchst wirkungsvoll und schadlos gegen solche Plagen helfen. Schließlich empfiehlt sich auch das Kapitel »Brühen und Jauchen – selbstgemacht« zur aufmerksamen Lektüre, denn mit Hilfe solcher der Natur entlehnten Abwehrmittel ist Pflanzenschutz auch ohne radikalen chemischen Einsatz jederzeit möglich. Und der Ausfall einer Ernte ist nicht weiter schlimm, schließlich muß man sich damit nicht sein Brot verdienen.

Äpfel

Der Obstbaum, der zu den beliebtesten zählt, soll auf tiefgründigem, humosem, wasserdurchlässigem Boden mit guter Nährstoffversorgung gedeihen. Am besten bekommt ihm ein windgeschützter Standort in der Sonne.

- Maßnahmen gegen:

Apfelblattsauger: Beim Befall mit dem Frühjahrs-Apfelblattsauger treiben Blatt- und Blütenknospen nicht ganz aus. Die Insekten treten häufig an vernachlässigten Bäumen auf. Eine Winterspritzung im Februar ist meist notwendig. Mit einem Bioinsektizid sollte man spritzen, wenn die Blütenknospen noch nicht geöffnet sind.

Größeren Schaden verursacht der Sommerapfelblattsauger. Die Blätter können vorzeitig abfallen. Früchte und Blätter sind mit Honigtau benetzt, später siedeln dort die Rußpilze. Wenn Bekämpfung notwendig, nach der Blüte spritzen!

Apfelsägewespe: Früchte fallen vorzeitig ab; die auf den Bäumen hängenden Äpfel haben lange braune Kratzer. Befallenes Obst sofort abpflücken.

Apfelblütenstecher: Die Apfelblüten öffnen sich nicht, vertrocknen. Ein kleiner Rüsselkäfer bohrt die Blütenknospen an. Die Spritzung mit einem Biospritzmittel im Februar soll die Käfer vor Ablage der Eier abtöten.

Apfel-Krebs: Verletzungen am Baum, die im Winter rötlich auswuchern. Alle verletzten Äste ausschneiden, Schnittstellen behandeln. Bei starkem Befall ganzen Ast abschneiden. Im Herbst gefährdete Bäume mit Kupfermittel spritzen. Rindenverletzungen vermeiden, da dort der Pilz eindringt. Für gute

Gefährliche Krankheit im Obstgarten: Apfel-Krebs.

Versorgung der Bäume mit Nährstoffen und genügend Feuchtigkeit sorgen.

Apfel-Schorf: Äpfel und Blätter haben braungraue Flecken, Früchte sind auch schorfig. Von dem Zeitpunkt an, da die Knospen aufbrechen, bis in den Sommer hinein mit einem Biopräparat spritzen. Zur Blattstärkung Schachtelhalmtee und Algenextrakt ausbringen. Netzschwefel spritzen. Dabei Schorf-Warndienst beachten. Krankes Laub, kranke Früchte und Fruchtmumien entfernen.

Apfelwickler: Die Äpfel sind wurmig. Mitte Juni und ein zweites Mal Mitte Juli mit Pyrethrum spritzen. Sexfallen aufstellen, wohin Männchen dieses Kleinschmetterlings gelockt werden. Im Juni und nochmals Ende Juli Fanggürtel am Baum anbringen, wo Wicklerraupen sich verpuppen. Puppen später vernichten.

Blattläuse: Die Blätter können von grünen und graubraunen Blattläusen befallen werden. Die befallenen Zweige und die Triebe ausschneiden. Mit beißender Brennesseljauche, Schmierseifenlösung und mit Rainfarn spritzen.

Feuerbrand: Knospen werden braun. Triebe zeigen wuchernde Verletzungen. Um die gefährliche, von Bakterien verursachte Krankheit zu bekämpfen, in leichteren Fällen geschädigte Triebe ausschneiden, Schnittstellen mit Wundmittel behandeln. Bei schwerem Befall muß der Baum abgeholzt werden. Feuerbrand ist meldepflichtig.

Frostspanner: Raupen fressen die Blüten und jungen Blätter an. Im Frühjahr eine Spritzung mit einem Bioinsektizid vornehmen. Im Oktober bis November Leimringe am Baum befestigen, damit das Wandern der Weibchen in den Baum verhindert wird.

Fruchtfall: Die Äpfel fallen ab, noch bevor sie reif sind. Ursache sind entweder Maden, oder die Versorgung des Baums mit Nährstoffen und Wasser reicht nicht aus, oder die Blüten sind nicht ausreichend bestäubt worden (in diesem Fall sollte die Windbestäubung künftig durch andere Apfelbäume sichergestellt werden). Wenn im Juni (Junifall) einige Früchte abfallen, ist das kein Grund zur Besorgnis.

Motten: Die Obstbaumminiermotte schädigt vor allem Apfel und Kirsche, und zwar durch Fraßgänge in den Blättern, so daß die Blätter vertrocknen und abfallen. Die Raupen der Gespinstmotte schädigen Blätter und Knospen und sind an den weißen Gespinsten erkennbar. Starker Befall kann zu Kahlfraß führen. In Gärten, in denen viele insektenfressende Vögel nisten, werden beide Motten kaum zum Problem.

Monilia: Die Äpfel werden oft schon am Baum häßlich und faulen, spätestens jedoch bei Lagerung. Die braunen Faulstellen sind ringförmig angeordnet. Tee von Meerrettichwurzeln zum Schutz der Blüten spritzen; auch Spritzen mit Bio-S hat sich bewährt. Äpfel nur bei trockener Witterung pflücken und in einem gut belüfteten Raum lagern.

Apfelmehltau: Blätter und Triebe sehen wie gepudert aus. Mit einem kombinierten Biofungizid spritzen, sobald die noch geschlossenen Blütenknospen zu erkennen sind. Alle 14 Tage bis in den Spätsommer hinein wiederholen.

Rote Spinne: Die Blätter sind blaß und gesprenkelt und zeigen grünlichgelbe Punkte (Gespinste) an der Unterseite. Jetzt mit einem Pyrethrum-Präparat spritzen, im Februar die Spritzung wiederholen, um überwinterte Eier zu vernichten.

Stippigkeit: Die Früchte bekommen häßliche braune Flecken bis ins Fruchtfleisch. Sie leiden unter Kalziummangel, obwohl genügend Kalzium im Boden ist. Die Bäume während der Wachstumszeit der Früchte mit ausreichend Wasser versorgen und auf Bodenpflege achten.

Wollige Blutlaus: Die Stämme sind voll mit Läusen, die weißwollig sind. Beim Zerdrücken geben sie einen roten Saft ab. Wucherungen entstehen ähnlich wie beim Obstbaumkrebs. Sofort eine Winterspritzung mit einem Biopräparat vornehmen oder die watteähnlichen Gebilde mit Spiritus oder Schmierseife bepinseln.

Birnen

Lieben wie Äpfel tiefen, schweren, nährstoffreichen und gut wasserdurchlässigen Boden sowie einen geschützten Standort. Aber sie begnügen sich, wenn es sein muß, auch mit trokkeneren Plätzen. Wichtig ist eine gute Durchlüftung des Bodens. Gegen starke Winterfröste sind Birnen empfindlich.

- Maßnahmen gegen:

Birnenknospenstecher: Blütenknospen werden zerstört und fallen vom Baum. Sie sind hohlgefressen. Im Inneren gelbliche, kleine Larven. Bei starkem Befall mit einem Biopräparat spritzen, ehe der Käfer seine Eier ablegt, am besten im September während des Reifungsfraßes.

Apfelwickler: Man unternimmt dagegen dasselbe, was beim Apfel beschrieben ist.

Birnengitterrost: Orangerote Flecken auf den Blättern, etwa ab Mai. Dadurch vorzeitiger Blattfall. Als Hauptwirte dienen Wacholderarten. Solange diese nicht entfernt werden, ständig neue Infektionen der Birne. Ertragsverluste nicht allzu hoch.

Birnenblattsauger: Kleine grüne Insekten saugen den Saft aus Blättern und Blüten, so daß sie braun werden und sich kräuseln. Die Larven haben rote Augen. Mit einem Bioinsektizid spritzen, bevor sich die Blüten öffnen.

Raupen sind wegen ihrer Unersättlichkeit gefürchtete Schädlinge.

Birnensägewespe: Die Fruchtansätze sind durchfressen und fallen vom Baum. Behandlung/Bekämpfung: Ausgereifte Früchte müssen sofort gepflückt werden. Bekämpfung nach Abfall der Blütenblätter mit biologischen Mitteln.

Birnen-Schorf: Die Früchte sind rauh, dunkel und mit Schorf bedeckt. Mit einem Biopräparat spritzen.

Feuerbrand: Die Stämme sind verletzt; im Winter wuchern die Wunden krebsartig. Meldepflichtige gefährliche Krankheit. Behandlung: Alle befallenen Stellen ausschneiden. Im schlimmsten Fall Baum fällen.

Frostspanner: Grüne Raupen zerfressen Blüten und Blätter. Leimringe anbringen oder mit Bioinsektizid spritzen.

Rote Spinne: Blätter verfärben sich graugrün oder gelb; Milben an der Blattunterseite. Behandlung/Bekämpfung: Im zeitigen Frühjahr Pyrethrum-Präparat spritzen, um so überwinterte Eier zu vernichten.

Bohnen

Brauchen wasserdurchlässigen, kalkhaltigen, nährstoffreichen Boden und viel Sonne und Wasser während der Wachstumsperiode. Sie sind wind- und frostempfindlich.

• Maßnahmen gegen:

Brennfleckenkrankheit: Keimblätter und Stengel sind mit braunen Flecken bedeckt. Braune Flecken an den Schoten. Alle infizierten Pflanzenteile verbrennen. Nur keimfreies Saatgut verwenden, da der Erreger durch Samen übertragen wird. Resistente Sorten anbauen. Mit Schachtelhalmbrühe junge Pflanzen stärken. Nach der Ernte alle Pflanzenteile vernichten. Samen nur von gesunden Pflanzen nehmen.

Blütenabwurf: Blüten fallen ab bei extrem heißen Temperaturen. Regelmäßig wässern. Auch bei Bormangel schlechter Fruchtansatz.

Rote Spinne: Blätter werden gelb, Spinnengewebe überziehen die Unterseite. Zur Vorbeugung täglich mit klarem Wasser besprühen, da die Rote Spinne Feuchtigkeit nicht mag. Bohnenstangen entseuchen.

Fettfleckenkrankheit: Auch durch Samen übertragbar, bedeutende Bakterienkrankheit. Es entstehen braune Flecken mit gelben Rändern auf den Blättern, die später abfallen. Nasse Flecken auf den Hülsen (Bakterienschleim). Nur keimfreies Saatgut verwenden. Widerstandsfähige Sorten anbauen. Nach der Ernte alle Pflanzenteile vernichten.

Wurzelfäule: Sie wird von verschiedenen Pilzen verursacht. Stengelbasis wird schwarz, Blätter vergilben. Unbedingt einen Fruchtwechsel vornehmen. Boden lockern.

Bohnenrost: Braune, später schwarze Pilzpusteln auf der Blattunterseite. Stangenbohnen sind besonders gefährdet. Blattfall bei starkem Befall. Ernterückstände vernichten, Bohnenstangen desinfizieren, Jungpflanzen mit Schachtelhalmbrühe behandeln.

Brombeeren

Diese Beerenart wächst praktisch auf jedem Gartenboden, sowohl in voller Sonne wie in lichtem Schatten, möchte aber einen möglichst windgeschützten Platz. Dann trägt sie reichlich Früchte.

• Maßnahmen gegen:

Himbeermade: Die Beeren sind angefressen oder enthalten Maden (Larven des Himbeerkäfers). Der Käfer frißt auch an den Blättern. Die Sträucher vorbeugend mit einem handelsüblichen Biopräparat spritzen, am besten nachdem die Blüten geöffnet sind (abends spritzen, wenn die Bienen nicht mehr fliegen). Die erste Spritzung erfolgt bei Blühbeginn, die zweite Spritzung ist etwa 2 Wochen später angezeigt. Vielleicht helfen auch Vergißmeinnicht, die um die Brombeere gepflanzt werden.

Brombeergallmilbe: Färben sich die Brombeeren nicht schwarz, sondern bleiben rot, hart und sauer, so saugt diese Gallmilbe an den Früchten. Stark befallene Triebe entfernen, mit Netzschwefel spritzen oder auch mit Rainfarn und Algenkalk behandeln.

Wurzelkropf: Häßliche wulstige Wucherungen an der Stengelbasis oder etwas oberhalb davon. Alle befallenen Stengel ausschneiden und verbrennen. Pflanzen, bei denen man Wurzelkropf auch nur vermuten kann, sofort entfernen und vernichten. Neue Stöcke an einer anderen Stelle im Garten pflanzen.

Zur Verhinderung der Krankheit die Pflanzen feucht halten und mechanische Beschädigungen vermeiden.

Dicke Bohnen

Sie heißen auch Puffbohnen und sind für eine organische Düngung dankbar. Gute Wasserdurchlässigkeit des Bodens muß sichergestellt sein.

- Maßnahmen gegen:

Brennfleckenkrankheit: Die Blätter sind mit braunen, eingesunkenen Flecken bedeckt. Die Pflanzen nicht in stark stickstoffhaltigem Boden ziehen. Nach der Ernte alle Pflanzenteile vernichten (nicht kompostieren), weil andernfalls die Keime überwintern. Weite Fruchtfolge, gesundes Saatgut verwenden.

Blattrandkäfer: Diese Rüsselkäfer zerfressen die Blattränder an Gartenbohnen, Puffbohnen und Erbsen. Der Schädling ist bei reifen Pflanzen ohne Bedeutung. Nur bei starkem Befall bekämpfen mit Rainfarn- oder Wermutbrühe. Boden feucht halten.

Rost: Orangefarbene wulstige Flecken auf der Unterseite der Blätter. Weniger anfällige Sorten anbauen und Fruchtwechsel einhalten. Mit Zinnkrautbrühe düngen.

Schwarze Blattlaus: Zu erkennen an den dicht zusammengedrängten Häufchen von schwarzen Insekten an den Schößlin-

Dicke Bohnen, leider anfällig für vielerlei Schädlinge.

gen. Triebe, Blätter und Hülsen sind verkrüppelt. Die stark befallenen Schößlinge muß man ausreißen und verbrennen. Mit Brennesselbrühe und Rhabarbertee spritzen.
So früh wie möglich aussäen. Windoffene Lagen bevorzugen. Triebspitzen bei leichtem Befall ausbrechen.

Erbsen

Mögen nährstoffreichen kalkhaltigen, wasserspeichernden Boden, der aber nicht frisch gedüngt sein soll, und einen sonnigen Standort.

- Maßnahmen gegen:

Erbsen-Blasenfuß (Thripse): Die Hülsen sind bedeckt mit silbergrauen Flecken. Blüten und Hülsen verkrüppeln. Bei den ersten Anzeichen mit einem Biopräparat spritzen. Boden feucht halten.

Erbsenwickler: Erbsen sind häufig madig. Mit einem bienenverträglichen Biopräparat kurz nach Beginn der Blüte spritzen. Erbsen früh anbauen,

Ausgereifte, gesunde Erbsen.

windoffene Lagen bevorzugen, frühe Sorten aussäen.

Erbsenblattrandkäfer: Die Blattränder sind ausgefranst. Wermuttee spritzen.

Falscher Mehltau: Blätter sind an der Oberseite gelb und unten durch den Pilzbelag rötlich. Hülsen und auch die Samen sind geschädigt. Befallene Pflanzen vernichten, Fruchtwechsel vornehmen.

Grauschimmel: Hülsen sind schimmlig und verfault. Befallene Hülsen vernichten. Die Pflanzen müssen rundum gut belüftet sein, also kein zu dichter Bestand. Windiger Standort günstiger als geschützte Lage. Saatgut beizen.

Echter Mehltau: Blätter sind weiß überpudert. Die Hülsen meist ebenfalls. Wenn Befall sichtbar, alle 14 Tage mit Rainfarnbrühe oder Netzschwefel spritzen. Für gute Luftzirkulation rund um die Pflanzen sorgen, diese an windige Standorte säen. Weniger anfällige Sorten anbauen, früh säen.

Virusinfektionen: Die Blätter sind gelb gesprenkelt, die Schoten rauh und uneben, das Wachstum stockt. Auf Blattläuse als Überträger achten und entsprechend bekämpfen (z. B. mit Brennesselbrühe oder Schmierseifenlösung). Infizierte Pflanzen vernichten.

Wurzelfäule: Die Stengelbasis wird schwarz, später rot. Die Blätter werden gelb, die Pflanzen gehen ein. Unbedingt Fruchtwechsel vornehmen.

Erdbeeren

Lieben lockeren, feinkrümeligen und tiefgründigen Boden in frostgeschützter Lage, gedeihen mit Vorliebe an einem Standort in lichtem Schatten oder in der Sonne. Mindestens alle 3–4 Jahre sollte die Erdbeerkultur durch neue, gesunde Pflanzen erneuert werden.

• Maßnahmen gegen:

Erdbeerblütenstecher: Die Blütenknospen welken und werden braun; die Blütenstände sind zerfressen. Die befallenen Pflanzen umgehend verbrennen. Meist direkte Bekämpfung nicht nötig. Boden mulchen.

Erdbeermehltau: Die Blätter werden auf der Oberseite rot und sind an der Unterseite mit einem weißen, mehligen Belag bedeckt. Sie rollen sich ein. Vom Zeitpunkt des Ansatzes der Blütenknospen an alle 14 Tage mit einem Biofungizid (Artanax oder Zinnkrautbrühe) spritzen.

Erdbeermilbe: Das Herz der Pflanzen stagniert im Wachstum, die Blätter sind gekräuselt und nicht voll entwickelt; Ausläuferbildung nur schwach. Milchigweiße Milben sind mit der Lupe in den Herzblättern zu erkennen. Infizierte Pflanzen verbrennen. Sofortiger Fruchtwechsel ist notwendig. Einige Jahre an dieser Stelle keine Erdbeeren mehr setzen. Nur garantiert gesunde Pflanzen kaufen. Mit Wermuttee spritzen.

Frostschäden: Blütenkelche werden schwarz, Blütenblätter unansehnlich. Die Pflanzen mit Folie, Stroh und Papier abdekken, wenn während der Blütezeit noch mit Nachtfrösten zu rechnen ist.

Grauschimmel (Botrytis): Eine der häufigsten Krankheiten bei Erdbeeren. Tritt meistens auf, wenn es viel regnet und die Pflanzen zu dicht stehen. Weite Pflanzabstände unbedingt einhalten, damit die Pflanzen nach dem Regen abtrocknen können. Mit Schachtelhalmbrühe spritzen. Zwischen die Pflanzen Knoblauch und Zwiebeln setzen. Nicht am späten Abend gießen. Schon zur Blütezeit mit Stroh u.ä. unterlegen.

Rote Spinne: Die Blätter sind gesprenkelt, später fallen sie ab; kleine Milben sitzen an der Unterseite der Blätter in feinen Gespinsten. Beim ersten Auftreten Pyrethrum-Mittel spritzen. Es können mehrere Spritzungen notwendig werden, um der Plage Herr zu werden. Vor allem in trocken-warmen Jahren.

Virusinfektionen: Die Blätter kräuseln sich, Blattränder vergilben. Das Wachstum stockt;

geringer Fruchtansatz. Die infizierten Pflanzen verbrennen. Garantiert gesunde Pflanzen neu setzen. Blattläuse als Überträger der Virosen vernichten.

Erdbeerwickler: Die gesamte Pflanze wird noch vor der Blüte angefressen; die Blätter sind wie von weißlich-glänzenden Netzen eingehüllt, in denen grüne Raupen sind. Im Mai Schmierseifenbrühe spritzen.

Gurken und Kürbisse

Lieben Wärme und Feuchtigkeit und humosen Boden; im Frühbeet, Mistbeet oder Gewächshaus ziehen. Reichliches Gießen mit abgestandenem Wasser und Düngen wichtig.

• Maßnahmen gegen:

Gurkenkrätze: Junge Früchte zeigen graue Flecken mit gummiartigen Ausscheidungen und haben einen grünen Pilzbelag. Alle infizierten Früchte vernichten. Gleichmäßige Temperatur (möglichst über 21° C) und Luftfeuchtigkeit wichtig. Nur im Notfall mit einem Biomittel (Algenprodukt) spritzen. Neuere Sorten sind widerstandsfähig.

Mehltau: Die Blätter haben einen mehligen Pilzbelag. Es ist darauf zu achten, daß die Pflanzen gut belüftet werden. Mit Zinnkrautbrühe behandeln.

Gesunde Kürbisse brauchen Wärme und Feuchtigkeit.

Stammfäule: Die Stengel sind an der Basis faulig, die Gurken welken. Die Pflanzen nicht zu dicht setzen. Infizierte Pflanzen sofort verbrennen. Fruchtwechsel vornehmen.

Blattfleckenkrankheit: Wäßrige eckige Flecken auf den Blättern. Bakterienschleim bei Feuchte; bei Trockenheit bildet er eine weiße Kruste. Fruchtfolge einhalten, nicht zu eng pflanzen, damit die Pflanzen abtrocknen können.

Himbeeren

Sie wollen einen sonnigen Standort und bevorzugen mittelschwere, nährstoffreiche Böden, um gut zu gedeihen. Sie sind gar nicht so genügsam, wie man meint, dürfen auch nicht lange der Trockenheit ausgesetzt sein. Brauchen Humus oder Stallmist. Nicht umgraben!

• Maßnahmen gegen:

Grauschimmel (Botrytis): Die Beeren sind mit einem grauen Schimmel überzogen. Mit Zinnkrautbrühe spritzen. Zusätzlich Knoblauch zwischen die Ruten pflanzen.

Himbeerkäfer: Die Früchte werden von Maden zerfressen. Sobald die Beeren reifen, mit einem Biopräparat oder Rainfarnbrühe spritzen (siehe auch Brombeeren).

Rutenkrankheit: Die jungen Ruten haben bläuliche Flecken. Die Rinde platzt auf. Die Ruten brechen. Ruten sofort nach der Ernte entfernen und vernichten. Vorbeugend mulchen, um gleichmäßige Bodenfeuchte zu halten. Bei sehr starkem Auftreten der Krankheit mit Biopräparat und Zinnkrautbrühe spritzen.

Viruserkrankungen: Die Blätter werden zusehends gelb gesprenkelt, Früchte bleiben klein, sind oft verformt. Schwächeres Wachstum und geringere Erträge. Infizierte Pflanzen verbrennen und gesunde Stöcke an einer anderen Stelle im Garten pflanzen. Auf Blattläuse achten und wenn nötig mit Schmierseifenlösung behandeln.

Nährstoffmangel: Die Blätter vergilben, nur die Adern bleiben grün. Diese Eisenmangelsymptome werden zuerst an den jüngeren Trieben sichtbar. Den sauren Düngetorf einbringen, keine kalkhaltigen Dünger verwenden. Den Boden vor der Pflanzung gründlich aufbereiten und düngen. Auch auf Magnesiummangel reagieren Himbeeren sehr rasch. Nach nassen Wintern oder bei längerer Trokkenheit kann ein Mangel entstehen. Fleckenartige Aufhellungen zuerst an den älteren Blättern. Magnesiumhaltige Dünger verwenden.

Johannisbeeren

Rote Johannisbeeren sind zwar genügsam, wünschen sich aber etwas Humus. Schwarze lieben schwereren, wasserdurchlässigeren und nährstoffreicheren Boden. Beide Arten gedeihen im lichten Schatten.

• Maßnahmen gegen:

Blattfallkrankheit: Auf den Blättern winzige dunkle Flekken, Blätter rollen sich ein und fallen vor der Zeit ab. Auslichten der Sträucher, Laub zusammenrechen und verbrennen.

Angriff einer Spinne auf einen Johannisbeerschädling.

Nach Abschluß der Blüte und nochmals nach der Ernte mit Bio-S spritzen. Resistente Sorten pflanzen.

Blattwespe: Blätter sind angefressen, anfangs nur im Innern des Strauchs; Kahlfraß möglich, deshalb sofort handeln. Raupen absammeln. Mulchen.

Botrytis: Die Beeren sind von einem gräulichen Schimmel belegt. Mit einem Biopräparat (Algomin, Algifert) spritzen, wenn die Blüten sich geöffnet haben, und dreimal im Abstand von 14 Tagen wiederholen.

Johannisbeergallmilbe: An den Trieben der schwarzen Johannisbeere (auch rote Sorten können befallen werden) schwellen die Knospen an. Sie sitzen voll mit Milben und treiben im Frühjahr nicht mehr. Alle Triebe mit Rundknospen verbrennen.

Günstig ist eine Spritzung mit einem Gemisch aus Netzschwefel, Algenkalk und Bentonit zu gleichen Teilen, wobei man 100 g in 10 l Wasser löst. Mit Rainfarnbrühe spritzen.

Johannisbeer-Glasflügler: Welke Triebe, vor allem bei schwarzen Johannisbeeren. Befallene Zweige abschneiden, vernichten. Den Boden gut pflegen.

Rotpustelkrankheit: Hier sterben die Stämme ab und zeigen orangefarbene Flecken, in denen sich die Pilzsporen befinden. Infiziertes und abgestorbenes Holz gänzlich entfernen.

Schnecken können junge Pflanzen in einer Nacht völlig abfressen.

Die Schnittstellen behandeln. Boden feucht halten, da die Erkrankung häufig auf trockenen Standorten auftritt.

Mehltau: Blätter und Knospen sind mit einer weißen Schicht bepudert. Sträucher auslichten, damit die Luft zirkulieren kann. Befallene Triebe verbrennen. Dreimal im Abstand von 14 Tagen mit einem Biopräparat (Artanax, Algifert) spritzen, bevor die Blüten sich öffnen.

Säulenrost: Rotbrauner Belag auf den Unterseiten der Blätter, vorzeitiger Blattfall. Betroffen davon ist nur die schwarze Johannisbeere. Sträucher gründlich auslichten. Genügt das nicht, mit Artanax oder Wermuttee oder Kupfermittel spritzen, zweimal nach der Ernte im Abstand von 14 Tagen. Das gilt auch für die Unterseite. Nicht in die Nähe der Weymouthskiefer pflanzen, da hier der Schadpilz überwintert.

Johannisbeerblasenlaus: Die Oberseite zeigt blasenartige, rötliche Auftreibungen. Sträucher sind geschwächt. Austriebsspritzung vornehmen.

Rieseln der Früchte: Schwarze Johannisbeeren werfen häufig vorzeitig ihre Früchte ab. Sortenbedingt; ungenügende Befruchtung oder Spätfrostschäden an den Blüten sind schuld.

Kartoffeln

Bevorzugen lockeren, humusreichen Boden und einen Standort in voller Sonne. Nicht häufiger als alle 14 Jahre am selben Platz anbauen.

- Maßnahmen gegen:

Drahtwürmer: Die drahtharten Larven von Schnellkäfern bohren Gänge durch die Knollen; fressen häufig an Wurzeln verschiedener Gemüsepflanzen. Frisch umgebrochene Wiesenböden sind besonders gefährdet. Kartoffeln so früh wie möglich ernten. Regelmäßig den Boden hacken, halbe Kartoffeln mit Schnittfläche auf dem oder flach in den Boden als Köder auslegen.

Frostschäden: Die Blätter werden gelb, braun oder schwarz. Nicht zu früh pflanzen, bei Frostgefahr leicht mit Erde abdecken oder unter Folie oder Vlies anbauen.

Grüne Kartoffelknollen: Kartoffeln immer anhäufeln. Die nicht völlig mit Erde bedeckten Kartoffeln färben sich grün, ihr Solaningehalt ist dann hoch. Grüne Kartoffeln nicht verbrauchen, sondern wegwerfen.

Hohle Kartoffeln: Kartoffeln sind beim Aufschneiden hohl, zeigen aber keine Anzeichen von Schnecken- oder Wurm-

Kartoffelkäfer und ihre gefräßigen Larven beim Vernichtungswerk.

fraß. Den Boden ständig feucht halten. Nach längerer Trockenheit allmählich, also nicht zu reichlich auf einmal, wässern. Nicht zuviel Stickstoff düngen.

Kartoffelzystenälchen: Die unteren Blätter werden braun und trocken. Das Wachstum stagniert. An den Wurzeln bilden sich Knoten. Infizierte Pflanzen, einschließlich der Knollen, vernichten. Fruchtwechsel vornehmen. 5–8 Jahre an dieser Stelle keine Kartoffeln mehr pflanzen.

Kartoffelkäfer: Die im Boden überwinternden Käfer und die aus den Eiern schlüpfenden Larven richten durch Blattfraß großen Schaden an. Am besten von Hand nach Käfern und Larven absuchen. Gelbe Eigelege vernichten. Vorbeugendes Bestäuben mit Algenkalk. In der Nachbarschaft Kohlarten, Meerrettich oder Kapuzinerkresse anbauen.

Kraut- und Knollenfäule: Befall etwa ab Ende Juni. Die Blätter werden braun und rollen sich nach innen. Schimmel an der Blattunterseite. Die Kartoffeln bekommen dadurch eingesunkene, schmutzigbraune Flekken. Das Fruchtfleisch darunter wird rötlichbraun faul. Das Kraut stirbt allmählich ab. Nur die gesunden Saatkartoffeln verwenden. Wenig anfällige Sorten anbauen. Großen Abstand von Kartoffeln einhalten. Vorbeugend Zinnkrautbrühe zur Blattstärkung spritzen und diese Behandlung öfter wiederholen. Eine der gefährlichsten Kartoffelkrankheiten.

Zwei junge Kartoffelpflanzen, die von der Kartoffelfäule befallen sind.

Schwarzbeinigkeit: Die Stengel werden unten schwarz, die Blätter gelb, die Knollen faulen (Naßfäule im Lager). Befallene Pflanzen vernichten, sobald die Krankheit auftritt. Gesundes Pflanzgut verwenden.

Schnecken: Die Kartoffelknollen werden von kleinen schwarzen Schnecken angefressen. Die üblichen Bekämpfungsmaßnahmen.

Schorf: Die Kartoffeln sind von braunem Schorf bedeckt, die Schale ist rissig. Keinen kalkhaltigen Dünger verwenden. Die befallenen Kartoffeln sind noch eßbar. Gründüngung säen, ehe Kartoffeln angebaut werden.

Wurzeltöter: Dunkelbraune Pocken auf der Schale; Triebspitzen verfärben sich und rollen sich ein. Bei feuchter Witterung erkennt man am Stengelgrund weißes Pilzmyzel. Nur gesunde Knollen pflanzen, nicht zu früh Kartoffeln legen. Fruchtfolge einhalten, Bodenleben fördern.

Trockenfäule: Gelagerte Kartoffeln verschrumpeln und bekommen weißen oder rosafarbenen Pilzbelag. Bei der Ernte Kartoffeln nicht beschädigen und in belüftetem, frostfreiem Raum lagern. Kartoffeln, die Anzeichen von Pilzbelag haben, wegwerfen.

Virusinfektionen: Die Blätter rollen sich nach innen ein und sind gelb gesprenkelt (Kräuselmosaik, Blattrollkrankheit). Nur garantiert gesundes Saatgut verwenden; auf Blattläuse achten. Infizierte Blätter sofort verbrennen, Läuse als Krankheitsüberträger bekämpfen.

Kirschen

Süßkirschen, die einen lehmhaltigen, nährstoffreichen Boden und einen möglichst sonnigen Standort brauchen, werden für den normalen Hausgarten zu groß, ein Sauerkirschenbaum hat dagegen selbst im kleinsten Garten Platz. Sauerkirschen lieben gut wasserdurchlässigen, nicht zu sauren Boden, der bevorzugt mittelschwer sein sollte. Doch nimmt der zierliche Baum auch mit leichten oder schweren Böden vorlieb. Gegen Staunässe sind Kirschen empfindlich und werden krank.

- Maßnahmen gegen:

Bleiglanz: Die Blätter an manchen Zweigen werden silbrig. Die Äste sterben ab. Alle befallenen Zweige zurückschneiden, Schnittstellen behandeln. Das infizierte Holz verbrennen oder in den Mülleimer werfen. Nicht im Garten liegen lassen! Wenn der Stamm von purpurfarbenen Pilzen befallen ist, muß der Baum gerodet werden.

Bakterienbrand: Zuerst Blattflecken, die sich braun färben. Später auch schwarze Flecken auf den Früchten und eingesunkene, rötlichbraune Stellen am Holz. Meist tritt starker Gummifluß auf. Zweige, Äste und ganze Bäume können absterben. Die Blätter fallen vollständig ab. Die betroffenen Äste bis ins gesunde Holz wegschneiden, die Schnittstellen behandeln. Die Bäume vorsorglich mit einem kombinierten Biopräparat insgesamt dreimal von August bis Oktober spritzen. Weniger anfällige Sorten pflanzen.

Falscher Bleiglanz: Das Laub schimmert silbergrau, sein Aussehen ist wie von Bleiglanz befallen. Regelmäßig wässern. Diese Erscheinung tritt bei Ernährungsstörungen auf. Beseitigt man den Mangelzustand, bilden sich die Bleiglanz-Merkmale zurück.

Harzfluß: Gummiartiger Harzausfluß auf der sonst gesunden

Kohlrabi brauchen viel Feuchtigkeit, damit sie schön prall und saftig werden.

Rinde. Als erste Maßnahme reichlich wässern und düngen, wenn der Boden zu trocken ist. Ursachen können auch zuviel Bodenfeuchte, zuviel Stickstoff oder auch Unverträglichkeit zwischen Unterlage und Edelsorte sein. Das Harz mit einem Messer wegschneiden und die Schnittstellen behandeln. Selten ganz zu heilen.

Monilia: Die reifen Früchte faulen noch am Baum zusammen, oder die Triebspitzen verdorren. Dringend zu empfehlen ist ein jährlicher scharfer Rückschnitt der fruchttragenden Zweige, vor allem der Jungtriebe. Mit Meerrettichtee behandeln.

Schrotschußkrankheit: Blätter sind mit Löchern und Flecken übersät. Vorzeitiger Blattfall. Auftreten vor allem bei regenreicher Witterung. Pilz überwintert in Wunden und Fruchtmumien. Sehr sorgfältige Wundbehandlung, Netzschwefel spritzen.

Kirschfruchtfliege: Weiße Maden in den Früchten. Gelbtafeln aufhängen.

Kohlarten

Kohlarten bevorzugen schweren, nährstoffreichen, kalkhaltigen Boden mit gutem Wasserhaltevermögen. Das gilt für Blu-

Schädlicher Erdfloh.

menkohl ebenso wie für Brokkoli und Rosenkohl.

• Maßnahmen gegen:

Erdflöhe: Blätter bekommen runde Löcher, vor allem bei trockener Witterung. Bei starkem Käferbefall Absterben der Pflanzen. Blühende Ginsterzweige ausstreuen; ihr Geruch vertreibt Erdflöhe. Den Boden feucht halten, mit Rainfarnbrühe spritzen.

Grauschimmel: Die Blätter sind grau bis bräunlich und schimmlig und verrotten bald. Tritt vor allem im Herbst auf, wenn es feucht ist. Mit einem Biopräparat spritzen.

Kohlfliege: Sie legt ihre Eier am Wurzelhals oder im Boden ab. Pflanzen welken, färben sich grau. Die Wurzeln werden von den Maden der Kohlfliege abgefressen, im Rettich sind Fraßgänge. Keinen frischen Mist in den Boden einarbeiten. Schmierseifenlösung, Brennessel- oder Wermutbrühe sprühen. Rettiche mit Vlies abdecken.

Kohlhernie: Die Pflanzen welken an warmen Tagen; das Wachstum stockt; an den Wurzeln Anschwellungen. Befallene Pflanzen sofort ausreißen und verbrennen, nicht auf den Komposthaufen bringen. 3 Wochen vor dem Pflanzen Kalkstickstoff streuen und in den Boden einarbeiten, dann darf allerdings nur bei trockenem Wetter gewässert werden. Häufiger Fruchtwechsel bei allen Kohlarten.

Falscher Mehltau: Die Unterseite der Pflanzen ist mit einem grauen Belag bedeckt. Vor allem die Jungpflanzen werden davon befallen. Vorbeugend mit einem Biopräparat oder mit Kamillentee oder Zinnkrautbrühe spritzen. Reichlich lüften bei den Anzuchten.

Raupen vom Kohlweißling: Zerfressen die Blätter. Bei schwachem Befall die Pflanzen nach Raupen absuchen. Mischkultur bevorzugen.

Kohlgallenrüßler: Die Wurzeln von Jungpflanzen sehen knollig verdickt aus. Im nächsten Jahr unbedingt Fruchtwechsel vornehmen. Keine befallenen Setzlinge pflanzen. Schaden meist nicht so groß.

Drehherzmücke: Fehlende Kopfbildung. Bei feuchtwarmer Witterung besonders großer Schaden, da sich die Schädlinge dann stark vermehren. Kulturen mit Vlies bedecken.
Kohltriebrüßler: Eier werden bereits im Frühjahr an Jungpflanzen abgelegt. Larven fressen Stiele und Stengel hohl, die Herzen verkümmern, Kohlrabiknollen platzen. Vliese auf die Kulturen legen. Dafür sorgen, daß die Pflanzen rasch wachsen.
Kohlblattlaus: Die Läuse sind grauweiß, wie gepudert, daher auch der Name mehlige Kohlblattlaus. Tritt bei heißer, trokkener Witterung stark auf. Boden feucht halten.
Adernschwärze: Die Blätter werden gelb, die Adern schwarz verfärbt. Befallene Pflanzen verbrennen. Gegen diese bakterielle Erkrankung geht man am besten mit einem Fruchtwechsel an. Krankheit durch Saatgut übertragbar.
Rettichschwärze: Blauschwarze Verfärbung der Rettiche. Die Fruchtfolge einhalten, befallene Rettiche vernichten, pH-Wert des Bodens senken, nicht mit frischem Stallmist düngen.
Virusinfektionen: Die Blätter kräuseln sich, sind gelb gesprenkelt. Infizierte Pflanzen ausgraben und verbrennen. Auf Blattläuse kontrollieren und diese notfalls mit einem Biopräparat oder Brennesselbrühe bekämpfen.

Möhren

Das Gemüse bevorzugt einen gut bearbeiteten, wasserdurchlässigen und sehr nährstoffreichen Boden; Steine sollten ausgelesen werden. Die Hinweise für Möhren gelten auch für Schwarzwurzeln und Pastinaken.

- Maßnahmen gegen:

Lagerfäulen: Wurzeln werden während der Lagerung weich und faulen. Möhrenschwärze, Schwarzfäule, Violetter Wurzeltöter verursachen diese Weichfäulen. Nur trockene, saubere und gesunde Wurzeln lagern.
Gespaltene Wurzeln: Die Wurzeln sind der Länge nach gespalten. Für gleichmäßige, ständige Bewässerung in der Wachstumsphase sorgen. Meist reißen die Wurzeln nach plötzlichen heftigen Regengüssen oder durch Bewässerung nach langer Trockenheit.
Möhrenfliege: Das Blattwerk wird bei lang anhaltendem sonnigem Wetter rötlich. In den Rüben sind Fraßgänge. Dünn in Reihen aussäen und zu dicht stehende Pflänzchen verziehen. Spätaussaat ist besonders ge-

fährdet. In offener, windiger Lage säen. Abdecken mit Vlies oder Netzen.

Wurzelfäule: Wurzeln nehmen rote, filzige Flecken an. Der Befall ist nesterartig, verursacht durch den Violetten Wurzeltöter (Pilz).

Fruchtwechsel ist unbedingt erforderlich. Das Beet einige Jahre lang nicht mehr mit Wurzelgemüse besetzen.

Pfirsiche

Der Pfirsich und die Aprikose brauchen einen kalkhaltigen, wasserdurchlässigen Boden und gedeihen am besten bei viel Sonne und an einem geschützten Standort.

• Maßnahmen gegen:

Braune Schildläuse: Die Stämme sind mit kleinen braunen höckrigen Gebilden, den Schildläusen bedeckt. Darunter sind die Eier gut versteckt.

Mit einem Biobaumanstrich (Preicobakt) behandeln. Die Stämme sorgfältig abbürsten. Vor allem ungepflegte Bäume werden befallen.

Mehltau: Die Blätter sind mit einem Pilzbelag überzogen. Sie rollen sich ein und fallen dann ab. Mit einem Bio-Mehltaupräparat (Artanax, Algifert) oder Zinnkrautbrühe spritzen.

Pfirsich-Blattkräuselkrankheit: Die Blätter sind im Frühjahr voller Blasen und weißlichgrün bis rot verfärbt. Sie vertrocknen und fallen ab. Die Bäume sind geschwächt. Gummifluß tritt häufig auf. Blätter verbrennen. Mit Zinnkrautbrühe oder Kupfermitteln spritzen und gießen.

Rote Spinne: Blätter werden matt und graugrün oder gelb. Man entdeckt kleine Milben auf der Blattunterseite. Gegen die Rote Spinne empfiehlt sich im Dezember eine Winterspritzung mit einem Weißölmittel, im Sommer mit einem Bioinsektizid (Pyrethrum).

Schrotschußkrankheit: Blätter sind mit winzigen Löchern übersät. Biologischen Blattdünger und Netzschwefel spritzen. Befallene Triebe abschneiden.

Pflaumen

Pflaumen, zu denen man auch Mirabellen und Reineklauden zählt, wachsen zu großen Bäumen heran und lieben einen kalkhaltigen und geschützten Standort. Am anspruchslosesten ist die Hauszwetschge.

• Maßnahmen gegen:

Bleiglanz: Blätter an einem einzelnen Zweig (oder mehreren) werden silbergrau. Das Stamm-

Schildläuse machen sich an Blättern und Stämmen zu schaffen.

holz ist voll brauner Flecken. Schößlinge sterben ab. Pilzbefall an Zweigen oder Ästen. Befallene Äste abschneiden und sofort verbrennen. Mit Zinnkrautbrühe spritzen. Ist der Stamm mit roten Pilzen besetzt, den Baum fällen.

Feuerbrand: Erkrankung durch Bakterien verursacht. Blätter, Blüten und Früchte vertrocknen. Bakterienflüssigkeit erscheint an den befallenen Stellen. Gefährliche, meldepflichtige Krankheit. Schlimmstenfalls Baum fällen. Auf jeden Fall alle kranken Stellen ausschneiden und vernichten. Das Bakterium überwintert an Weißdorn.

Frostspanner: Kleine grüne Raupen fressen Blüten und Blätter. Leimringe anbringen oder Bioinsektizid spritzen.

Fruchtfäule (Monilia): Früchte werden braun und bekommen runde Pusteln. Auch Triebe ster-

Radieschen: bei gutem Boden und Feuchtigkeit meist gesund.

ben ab. Es empfiehlt sich eine Spritzung mit Bio-S.

Pflaumenrost: Blätter sind auf der Unterseite häßlich gelb gesprenkelt und fallen ab. Regelmäßig düngen und wässern. Das befallene Laub verbrennen.

Pflaumensägewespe: Früchte fallen durchlöchert bald nach der Blüte ab. Ist mit stärkerem Befall zu rechnen, sollte nach der Blüte mit einem Biomittel gespritzt werden. Vögel fördern. Abgefallene Früchte einsammeln.

Pflaumenwickler: Früchte fallen ab, noch bevor sie reif sind; das Fruchtfleisch ist ausgefressen. Am Bohrloch ist ein Safttröpfchen zu sehen. Nach der Eiablage, etwa ab Mitte Juli, mit einem Biopräparat mehrmals spritzen. Fanggürtel anbringen.

Pflaumengespinstmotte: Die Blätter sind eingerollt, in ihrer Mitte sitzen Raupen, die wie mit einem Faden umwickelt sind. Im Januar Winterspritzung und im April Frühjahrsspritzung mit Schmierseifenlösung vornehmen. Pflaumen nicht in die Nähe von Weißdorn pflanzen.

Rote Spinne: Die Blätter verfärben sich durch Befall mit gelben oder grünen Milben graugrün oder gelblich. Mit einem Biopräparat spritzen.

Schrotschußkrankheit: Blätter sind mit braunen Löchern übersät (siehe auch Kirsche).

Zwetschgenschildlaus: Schädlinge sitzen auf dem Stamm. Im Frühjahr werden die Eier unter einem Schild gelegt. Im Januar mit Weißöl spritzen. Mit Farnkrautjauche düngen. Abbürsten des Stammes.

Radieschen

In nährstoffreichem Boden werden Radieschen und Rettich kaum von Krankheiten befallen, wenn man sie immer feucht genug hält.

- Maßnahmen gegen:

Erdflöhe: Flecken und Löcher

Eine Ameise hütet sorgfältig ihre Nahrungsquelle, die Blattläuse.

in den Blättern. Gut gedüngter und regelmäßig gewässerter Boden verhindert am ehesten den Befall. Günstig ist auch, Spinat in der Nachbarschaft von Radieschen zu säen.
Andere Krankheiten siehe bei Kohlarten.

Rhabarber

Er braucht einen sonnigen bis halbschattigen Standort und nährstoffreichen, nicht zu lockeren Boden.
• Maßnahmen gegen:
Blattläuse: Mit Brennesselbrühe spritzen.
Stengelgrundfäule: Blätter und Wurzeln faulen, häufig sterben die Pflanzen ab. Rhabarber nicht unter Obstbäumen pflanzen und ihn jahrelang nicht mehr an diese Stelle, d. h. in den infizierten Boden setzen.
Pilzbefall: Weißer Pilzbefall an Blättern und Knospen. Fruchtwechsel vornehmen. Nach Möglichkeit an einen gut besonnten Platz und nicht in den Schatten von Bäumen und Sträuchern pflanzen.

Rote Bete

Sie sind anspruchslos; am besten wachsen sie auf tiefgründigen, humosen Böden mit guter Wasserführung. Bormangel (Herzfäule) bei zu kalkhaltigen Böden möglich. Bei zu früher Aussaat können sie blühen.
• Maßnahmen gegen:
Mehltau: Die Blätter werden gelblich, auf der Blattunterseite bekommen sie einen schimmelartigen Belag. Herzblätter verkrüppeln. Keimfreies Saatgut verwenden, für einen luftigen Standort sorgen. Junge Pflänzchen mit Kamillentee oder mit Zwiebelschalenbrühe besprühen.
Blattlaus: Verschiedene Arten können in großer Zahl an den Blättern saugen. Bei zu starkem Befall Blätter mit kaltem Wasser abspritzen oder mit Schmierseifen- oder Brennesselbrühe bespritzen.
Blattfleckenkrankheit: Es sind schwarzbraune Flecken mit rötlicher Randfärbung, unregelmäßig über das Blatt verteilt. Absterben der Blätter möglich. Fruchtwechsel einhalten. Befallene Ernterückstände nicht in den Boden einarbeiten, da Pilzsporen dort überdauern.

Salat

Salat braucht viel Wärme, aber nicht zu heiße Temperaturen. Jungpflanzen vertragen sogar leichten Frost. Er benötigt zum

Falscher Mehltau an Kopfsalat.

Gedeihen ausreichend Licht, Wasser und Nährstoffe. Eignet sich für Zwischenkultur. Das gilt für Pflück-, Binde- sowie für Kopfsalat.

• Maßnahmen gegen:

Blattbrand oder **Randen** sind: Braunverfärbungen an den Blatträndern, das Gewebe stirbt ab. Regelmäßig wässern, nicht zuviel Stickstoff düngen.

Drahtwürmer, Erdraupen: Die Blätter welken. Das Wachstum ist eingestellt. Befallene Pflanzen samt Wurzelballen ausgraben und die Schädlinge absuchen. Köder auslegen.

Mehltau: Die Blätter sind gelb verfärbt mit weißen Schimmelflecken auf der Unterseite. Anhaltende Nässe auf den Blättern verhindern. Nicht zu dicht pflanzen. Resistente Sorten anbauen. Frühbeetkästen häufig lüften.

Salatfäule: Welke gelbe Blätter, die faulen. Gefährliche, durch Pilze und Bakterien hervorgerufene Krankheit. Beete reichlich mit Kompost versorgen. Befallene Pflanzen vernichten. Salat nicht zu tief pflanzen; kräftige Pflanzen anziehen, für rasches Wachstum sorgen.

Schießen: Pflanzen bilden Blüten- und Samenstände statt Köpfen aus, wenn es sehr heiß ist. Ausreichend gießen.

Kranzfäule: Tritt bei Endivien an den mittleren Blättern auf, vorwiegend bei Trockenheit im Herbst. Die Blätter sterben ab, indem sie faulen.

Sellerie

Bevorzugt feuchten, schweren, humusreichen Boden. Sowohl Knollen- als auch Bleichsellerie will reichlich bewässert und gedüngt werden.

• Maßnahmen gegen:

Möhrenfliege: Die Larven zerfressen die Wurzeln, die Pflanzen verkümmern. Ein Biopräparat im Gießwasser auflösen und die Pflanzen damit behandeln. Fruchtwechsel einhalten.

Selleriefliege: Die Blätter bekommen Risse oder Löcher. Die Maden fressen nur in den Blättern, die bei stärkerem Befall welken. Alle befallenen Blätter entfernen und sofort vernichten.

Schießen: Die Pflanzen bilden Blütenstände und nur wenig Laub aus. Ursache ist, daß nach dem Pflanzen und auch während der Jungpflanzenanzucht zu niedrige Temperaturen herrschen.

Herz- und Knollenbräune: Das Innere der Knollen ist fleckig; es bilden sich Hohlräume. Herzblätter sterben ab. Diese Krankheit wird durch Bormangel verursacht. Zu reichliche Kalium- und Kalziumgaben vermeiden. Borhaltige Dünger verwenden. Reichlich gießen.

Blattfleckenkrankheit: Blätter sind mit braunen Flecken bedeckt und trocknen. Feuchtigkeit fördert diese Pilzkrankheit, deshalb das Selleriebeet mulchen, wenig anfällige Sorten anbauen und Pflanzen mit Schachtelhalmbrühe gießen.

Spinat

Gedeiht vorzüglich in mit mäßigen Kompostmengen versorgtem Boden an sonnigen oder halbschattigen Stellen.

• Maßnahmen gegen:

Blattfleckenkrankheit: Blätter werden braun oder purpurfarben gesprenkelt. Befallene Blätter wegschneiden. Auf diesem Beet einige Jahre ein anderes Gemüse anbauen.

Falscher Mehltau: Die Blätter zeigen auf der Blattoberseite gelbe, aufgewölbte Flecken, unten rötlichbraune. Nicht zuviel düngen, allzu reichliche Kompostgabe treibt das Wachstum zu stark an und fördert den Befall. Richtige Standweite! Mit Schachtelhalmbrühe spritzen. Resistente Sorten anbauen.

Schießen: Die Pflanzen bilden je nach Sorte im Langtag (Sommer) Blüten- und Samenstände aus. Gut wässern, da trockene Witterung das Schossen fördert.

Rübenfliege: Die Maden fressen in den Blättern und lassen nur mehr die Blattober- bzw. Blattunterhaut übrig. Diese Blattpartien trocknen ein. Auch bei Mangold anzutreffen.

Stachelbeeren

Brauchen wasserdurchlässigen Boden und einen sonnigen Standort oder lichten Schatten.

• Maßnahmen gegen:

Amerikanischen Stachelbeer-Mehltau: Ein häufig auftreten-

Stachelbeeren müssen besonders gegen Mehltau geschützt werden.

Zuckermais braucht für gesundes Wachstum guten Boden und Sonne.

der weißer Pilzbelag überzieht mehlartig Blätter, Triebe und Früchte, die fleckig und ungenießbar werden. Sträucher auslichten und Triebspitzen zurückschneiden. Bei starkem Befall zwei Spritzungen mit Bio-Mehltaupräparat (Artanax, Algifert). Behandlung mit Zinnkrautbrühe.

Blattfleckenkrankheit: Nach dem Austrieb zu beobachten, häufiger an Johannisbeeren. Die Blätter werden gelblich und fallen ab. Auslichten des Strauches. Bio-S spritzen.

Stachelbeer-Blattwespe: Die Sträucher werden im Mai von raupenähnlichen Larven kahlgefressen. Raupen sofort mit Pyrethrum-Mitteln bekämpfen.

Zuckermais

Diese aus Mittelamerika stammende Pflanze wünscht sich gut bearbeiteten, mit Nährstoffen versorgten Boden; auch braucht sie einen sonnigen, geschützten Platz.

• Maßnahmen gegen:

Beulenbrand: Große weiße Auswüchse an Kolben und Stengeln, schwarze Sporen auf den Kolben. Alle befallenen Kolben herausschneiden, bevor sie die Sporen ausstreuen. Nach der Kolbenernte alle Pflanzen vernichten. Fruchtwechsel unbedingt erforderlich.

Fritfliege: Junge Pflanzen wachsen verdreht, die Blätter sind an den Spitzen eingerissen und ausgefranst. Die Pflanzen im Gewächshaus vorziehen und erst zu einem Zeitpunkt hinaussetzen, wenn sie widerstandsfähig genug sind.

Unterentwicklung: Kolben mit vielen unter- bzw. nicht entwikkelten Kernen. In Gruppen statt in Reihen pflanzen, um die Bestäubung zu verbessern. Bei Wasser- oder Bormangel zeigt sich schlechte Befruchtung.

Zwiebeln

Zwiebeln lieben lehmige Böden, einen sonnigen Standort und nährstoffreichen, aber nicht frisch gedüngten Boden. Das gleiche gilt auch für Porree.

• Maßnahmen gegen:

Älchenbefall: Das Laub ist verdreht und aufgequollen. Die Zwiebeln sind verformt, weich und riechen schlecht. Sie platzen auf. Infizierte Pflanzenteile vernichten. Möhren nicht in der Nähe ziehen, da sie den Befall übertragen können. In den infizierten Boden in den nächsten Jahren (mindestens 3) keine Zwiebeln pflanzen oder säen.

Brand: Blätter und Zwiebeln sind schwarz gefleckt und leicht verzogen. Befallene Pflanzen vernichten. Jahrelang (8 bis 10 Jahre) weder Zwiebeln noch Porree und Möhren in den infizierten Boden pflanzen.

Falscher Mehltau: Blätter vertrocknen, werden grau und hängen nach unten. Die Zwiebeln sind weich. Sofort beim Auftreten von Mehltau mit einem Biopräparat spritzen. Fruchtwechsel betreiben. Befallene Zwiebeln nicht lagern.

*Blühende Zierzwiebel (*Allium giganteum*).*

Zwiebelhalsfäule: Tritt bei eingelagerten Zwiebeln auf; Befall bereits auf dem Feld. Am Zwiebelhals werden sie weich und verfärben sich im Innern. Zwiebeln gut nachtrocknen lassen, nicht zuviel Stickstoff düngen, befallene Zwiebeln aussortieren und vernichten.

Blattfleckenkrankheit: Eingesunkene Flecken am Laub. Diese Pilzkrankheit breitet sich rasch aus. Hohe Verluste, da das Laub abstirbt.

Mehlkrankheit: Zwiebelboden und Wurzeln faulen. Watteartiges Myzel an diesen Pflanzenteilen, daher der Name. Weitgestellte Fruchtfolge einhalten. Mehrere Jahre (8–10) keine Zwiebeln mehr auf befallene Böden pflanzen.

Porreemotte: Das Laub ist durchbohrt, vor allem in den inneren Blättern sind Miniergänge mit Raupen zu finden. Vorbeugend mit Zinnkrautbrühe gießen. Bei Befall Laub zurückschneiden. Bei stärkerem Befall Bioinsektizide einsetzen.

Porree-Rost: Blätter von Porree und gelegentlich auch von Zwiebeln sind orangefarben gesprenkelt. Alle befallenen Blätter vernichten. Zu reichliche Stickstoffgaben vermeiden. Im folgenden Jahr das Beet mit anderem Gemüse bestellen (Fruchtwechsel).

Purpurfleckenkrankheit: Die Spitzen der Porreeblätter werden weiß, gelegentlich rot. Sofort bei Auftreten mit einem Biopräparat spritzen. Befallene Pflanzen vernichten. Fruchtwechsel ist notwendig.

Zwiebelfliege: Die Blätter junger Pflanzen verkümmern, ältere faulen. Fruchtwechsel betreiben, keinen frischen Stallmist einarbeiten. Mischkultur bevorzugen. Öfter mit Kamillentee gießen.

Schießen: Die Pflanzen bilden zu früh Blüten- und Samenstände aus. Boden regelmäßig wässern, auf keinen Fall austrocknen lassen. Nicht zu früh säen oder pflanzen. Nicht zu große Steckzwiebeln zum Pflanzen verwenden.

Jauchen und Brühen selbstgemacht

Natürlich kommt man auch im Biogarten, in dem Bodenpflege ganz groß geschrieben wird, ohne gezielte Düngung und laufende Bodenverbesserung nicht aus. Auch gilt es, die Pflanzen, Sträucher und Bäume so widerstandsfähig wie möglich zu machen, damit sie sich kräftig entwickeln und dem gefährlichen Ansturm von allerlei Schädlingen gewachsen sind. Statt zu chemischen Dünge- und Pflanzenschutzmitteln zu greifen, nutzt der naturbewußte Hobbygärtner die natürlichen Abwehrmöglichkeiten. Schließlich hält die große Apotheke der Natur zahllose Heilmittel gegen Pflanzenkrankheiten und Schädlinge bereit. Man muß sie nur anzuwenden wissen.

Wer nicht selbst Jauchen oder Brühen ansetzen und zubereiten will, der sollte sich auf die Verwendung biologischer Pflanzenschutz- und -pflegemittel beschränken, wie sie der Fachhandel heute anbietet. Da sind z. B. *Pyrethrum* und *Rotenon* gegen schädliche Insekten. Bei der Anwendung dieses aus Pflanzen gewonnenen Giftes werden allerdings auch nützliche Insekten in Mitleidenschaft gezogen. Rotenon ist ein starkes Fischgift. Man sollte also streng nach Vorschrift und möglichst sparsam damit umgehen. Unbedingt die vorgeschriebenen Wartezeiten einhalten. Vor Pilzbefall werden Gemüsepflanzen und Obstbäume durch Spritzen mit *Bio-S* geschützt. *Preicobakt* ist ein vielfach erprobtes Mittel, mit dem man die Stämme von Obstgehölzen bestreicht, um so den Angriff von Flechten und Moos abzuwehren und Schildläuse zu bekämpfen. Man kann es aber auch als Spritzmittel verwenden. Die auf Algenbasis und mit Kräutern hergestellten Mittel *Artanax* und *Artanax-S* sowie *Algifert* dienen der Kräftigung der Pflanzen und sind dem Wachstum besonders förderlich. Zugleich machen sie sie widerstandsfähiger gegen Schädlinge.

Bei den selbsthergestellten Mitteln zur Düngung und Schädlingsbekämpfung, die allesamt natürlich viel weniger durchschlagend wirken als die in den letzten Jahrzehnten überall so großzügig angewendeten chemischen Präparate, unterscheidet man Jauchen, Brühen, Auszüge und Tees.

Jauchen

Wenn man Pflanzen längere Zeit in Wasser ansetzt, so daß es zur Gärung kommt, entsteht Jauche; wobei als Faustregel gilt, daß man auf 1 kg grüne Pflanzen 10 l Wasser gießt. Als Behälter für die Jauchebereitung empfiehlt sich ein Holzfaß; aber auch ein Kunststoffeimer (für kleinere Mengen) oder ein Bottich aus Kunststoff tun gute Dienste. Auf keinen Fall darf ein Metallgefäß verwendet werden! Man bedeckt also die

Regenwasser»quelle«.

Grünpflanzen (falls man mit getrocknetem Kraut arbeitet, braucht man etwa 150–160 g je 10 l Wasser) mit Wasser. Regenwasser oder im Freien abgestandenes Wasser ist günstiger als das, was direkt aus der Leitung kommt. Man bedeckt den Behälter mit einem Gitter oder einem durchlöcherten Deckel, damit die Luftzufuhr gesichert ist, ohne daß Tiere oder Gegenstände in die Jauche fallen können. Die mit Wasser bedeckten Pflanzen müssen an einem warmen, möglichst sonnigen Platz stehen und vergären, am besten etwas entfernt vom Wohnbereich wegen der nicht gerade aromatischen Düfte, die dem Faß bei fortschreitender Vergärung entsteigen. Übrigens kann man, um allzu penetranten Geruch zu vermeiden, etwas Steinmehl zusetzen. Da die Flüssigkeit während der Gärzeit stark schäumt, darf man den Behälter nicht ganz füllen. Täglich einmal muß kräftig umgerührt werden. Nun dauert es zwischen 1 und 3 Wochen, bis die Jauche dunkel und damit gebrauchsfertig wird, die Gärung also beendet ist. Dann wird sie abgesiebt und kann nach entsprechender Verdünnung mit der Gießkanne angegossen oder fein versprüht werden. Pflanzenjauche ist un-

Die Sprühdüngung sollte immer vorsichtig am Fuße der Pflanze geschehen, damit der Dünger die zarten Blätter nicht schädigt.

verdünnt zu stark, da sie reichlich Stickstoff und Kali enthält. Deshalb ist eine Verdünnung mit Wasser im Verhältnis von etwa 1:10 angebracht. Am besten wird bei feuchtem Wetter gedüngt. Die Wurzeln sollen die Wirkstoffe der Jauche möglichst unmittelbar aufnehmen, das Blattwerk der Pflanze darf mit ihr nicht in Berührung kommen.

Pflanzen, die sich zur Herstellung von Jauchen eignen, sind neben Brennesseln auch Farnkraut, Wermut, Löwenzahn, Beinwell, Knoblauch und Zwiebeln.

Auch Mischrezepturen sind dabei möglich.

Brennessel

Als besonders wirkungsvoll hat sich Brennesseljauche erwiesen. Zudem ist das Kraut relativ leicht auch in größeren Mengen zu beschaffen. Von den Pflanzen wird das gesamte Kraut ohne Wurzeln verwendet. Man rechnet auf 1 kg frisches Grün etwa 5–7 l Wasser und verdünnt die fertige Jauche etwa im Verhältnis 1:20. Man kann Brennesseljauche das ganze Jahr über einsetzen, wenn man auch während der kalten Jahreszeit einen Platz hat, wo man das Kraut vergären lassen kann. Die Jauche wirkt besonders günstig, wenn man Setzlinge damit angießt oder sie in die Pflanzlöcher von Bäumen und Sträuchern gießt. Sie regt die Pflanzen zu kräftigem Wachstum an und dient ganz allgemein der Bodenverbesserung.

Statt vollständig vergorener Brennesseljauche kann man aus der Pflanze auch *gärende* oder *beißende Jauche* herstellen. Sie wird genauso angesetzt wie die Jauche zum Vergären, man geht also von der gleichen Pflanzen- und Wassermenge aus. Diese Art Jauche braucht nur wenige Tage an einem warmen Ort zu stehen, die Gärung soll in Gang gekommen, aber noch nicht abgeschlossen sein. Sie ist dann noch hell und sehr scharf und wird nach 3–4 Tagen in etwa 10facher Verdünnung gegen Blattläuse gespritzt. Da sie zum alsbaldigen Verbrauch bestimmt ist, weil sie schnell an Wirksamkeit verliert, kann man die Reste, die nicht verspritzt werden, auf den Komposthaufen geben. Ein Kaltwasserauszug, bei dem die Brennesseln nur 12 Stunden lang im Wasser liegen, eignet sich besonders zur Bekämpfung von Blattläusen.

Farnkraut

Man gibt etwa 1 kg Wurm- oder Adlerfarn in ein Jauchegefäß (von getrocknetem Kraut etwa 100 g) und gießt 10 l abgestandenes oder Regenwasser darüber.

Dann läßt man die Jauche, wie oben beschrieben, reifen. Farnkrautjauche wird unverdünnt bei Befall mit Blatt-, Blut- oder Schildläusen gespritzt, eventuell auch Äste oder Stämme damit einpinseln. Man kann die Jauche aber auch verdünnt (1:10) auf den Boden um die Pflanzen gießen.

Wermut

Man braucht vom frischen Kraut etwa 300–500 g, vom getrockneten 30–50 g, die man mit 10 l Wasser in einen Jauchebehälter gibt. In 8–14 Tagen bereitet man daraus eine Jauche, die sich mit ihren Gerb- und Bitterstoffen gegen allerlei schädliche Insekten wie Raupen, Läuse und Ameisen einsetzen läßt.

Löwenzahn

Für eine Jauche braucht man 1–2 kg frisches Kraut, das in 10 l abgestandenem oder Regenwasser angesetzt wird (siehe Seite 135).

Man gießt mit der durchgesiebten Jauche im Frühjahr und dann noch einmal nach Ablauf der Vegetationszeit auf den

Jauche aus frischem Löwenzahnkraut im Gießwasser bewirkt ein kräftiges Wachstum der Pflanzen.

Boden oder reichert den Komposthaufen damit an. Die so gedüngten Pflanzen danken eine solche Jauchegabe mit kräftigerem Wachstum.

Beinwell

Von dieser Pflanze, die auch *Comfrey* genannt wird, braucht man 1 kg frisches Kraut – Stengel und Blätter werden grob zerkleinert – (entsprechend 150 g getrocknetes) auf 10 l Wasser. Beinwelljauche ist stark stickstoff- und kaliumhaltig. Man kann aber auch eine Mischung aus Beinwell- und Brennesseljauche herstellen. Im Verhältnis 1:10 mit Wasser verdünnt, bereitet man so ein probates Düngemittel, das der Bodenverbesserung dient.

Knoblauch und Zwiebel

Man schneidet zu etwa gleichen Teilen etwa 500 g Zwiebeln und Knoblauch klein und setzt diese Mischung in 10 l abgestandenem oder Regenwasser in einem Jauchebehälter an. Die fertige Jauche wird dann in einer Verdünnung von 1:10 auf den Boden um Obstbäume und auf Gemüsebeete ausgebracht. Sie hilft bei der Bekämpfung von Pilzkrankheiten, Milben, vor allem in der Erdbeerkultur, und von Möhrenfliegen.

Brühen

Anders als die Jauche wird die Brühe nicht auf kaltem Weg hergestellt, sondern nach einer Einweichzeit von 24 Stunden etwa 20 Minuten gekocht. Das Kochgefäß sollte während der Kochzeit und bis zum völligen Abkühlen der Brühe geschlossen bleiben. Die Brühe wird vor der Verwendung durchgesiebt.
Besonders gut geeignet für die Aufbereitung von Brühen sind Zinnkraut (Ackerschachtelhalm), Rainfarn, Farnkraut und Kamille.

Zinnkraut

Das auch als Hausmittel hochgeschätzte und sehr wirksame Zinnkraut (Ackerschachtelhalm) kann, zu einer Brühe verarbeitet, im Frühjahr und Sommer ausgebracht werden. Man sammelt etwa 1 kg Zinnkraut (entsprechend 150 g getrocknetes Kraut) und gießt 10 l Regenwasser oder abgestandenes Wasser darüber. Nach der Einweichzeit kocht man daraus eine Brühe.
Sobald sie abgekühlt ist und durchgesiebt wurde, verdünnt man sie im Verhältnis 1:5 mit Wasser und spritzt damit die ganze Pflanze oder gießt den Boden um die Pflanze damit. Am wirksamsten ist diese

Brühe, wenn man sie bei sonnigem Wetter am Vormittag anwendet. Sie ist einzusetzen gegen Pilzkrankheiten wie Rost, Schorf und Echten sowie Falschen Mehltau. Man kann sie auch bei der Kräuselkrankheit der Pfirsiche erfolgreich anwenden.

Rainfarn

Aus 300 g frischem Kraut (oder 30 g getrocknetem) dieser Pflanze, die übrigens nicht zu den Farnen zählt, und 10 l Wasser bereitet man eine Brühe, die unverdünnt wirksam ist gegen schädliche Insekten auf Himbeer- und Brombeersträuchern sowie auf Erdbeerpflanzen, darunter vor allem Brombeermilben und Erdbeermilben. Mit der verdünnten Brühe kann man gegen Mehltau und Rost spritzen, allerdings ist die Wirkung schwächer. Wegen der Giftigkeit unbedingt Vorsichtsmaßnahmen treffen.

Farnkraut

Eine Brühe, die aus 1 kg frischen Farnkräutern (oder 100 g getrockneten) vom Wurm- oder Adlerfarn und 10 l Wasser hergestellt wird, ist unverdünnt gegen Läuse, vor allem Blatt- und Schildläuse, anzuwenden.

Farnkraut ergibt eine wirksame Brühe gegen Blatt- und Schildläuse.

Kamille

Aus 50 g getrocknetem Kraut und 10 l Wasser kocht man eine Brühe, die man dem Kompost zur weiteren Verbesserung zusetzen kann, die aber auch, auf die Beete gegossen, das Wachstum der Pflanzen fördert.

Auszüge

Man läßt die Pflanzen 1–2 Tage in kaltem Wasser stehen, und schon ist der Kaltwasserauszug gebrauchsfertig. Die Gärung darf aber noch nicht eingesetzt haben. Die Flüssigkeit wird durchgesiebt. Für einen Auszug eignet sich vor allem die Brennnessel; man kann aber auch mit dem Kraut der Tomaten, des Essigbaums und aus Knoblauch einen wirksamen Kaltwasserauszug bereiten.

Brennessel

Man gießt auf 1 kg frisches Kraut 5 l Wasser und läßt das Ganze etwa 24 Stunden stehen, bevor man es abseiht und zum Schutz vor Blattläusen, aber auch zur allgemeinen Kräftigung auf die Blätter und um die Pflanze gießt.

Tomatengrün

Man übergießt etwa 100 g Tomatenblätter mit 2,5 l Wasser und läßt sie anschließend 2–3 Stunden ziehen. Dann kann man den Auszug unverdünnt über Kohlpflanzen gießen und sie so vor dem schädlichen Kohlweißling schützen.

Knoblauch

75 g Knoblauchzehen werden kleingehackt und mit 10 l Wasser übergossen.

Den Ansatz 24 Stunden stehen lassen und unverdünnt gegen Pilzerkrankungen der Pflanzen, aber auch gegen Blattläuse und Milben verwenden.

Essigbaum

Ein Ziergehölz in vielen Gärten. Kaltwasserextrakt gegen Insekten, vor allem Kartoffelkäferlarven verwenden.

Tees

Bei der Herstellung von Tees übergießt man frische oder getrocknete Kräuter mit kochendem Wasser und läßt sie dann ziehen, bis die Flüssigkeit abgekühlt ist. Der abgegossene Tee kann als Spritz- oder Düngemittel Verwendung finden. Man bereitet Tees aus Beinwell, Kamille, Meerrettich, Wermut und anderen Pflanzen.

Beinwell

Der Tee aus 100 g getrocknetem oder 1 kg frischem Kraut wird vor allem zur Verbesserung des Kompostes verwendet.

Kamille

Das Allheilmittel Kamille, das für den Menschen so wertvoll ist, beweist seine gute Wirkung auch bei der biologischen Gartenpflege. Man bereitet einen Tee aus 50 g getrockneten Kamillenblüten auf 10 l Wasser und verwendet ihn als allgemeines Kräftigungsmittel, das um die Pflanzen gegossen oder dem Kompost beigegeben wird.

Als Zugabe zum Kompost empfiehlt sich Beinwelltee.

Meerrettich

Die aromatische und heilkräftige Meerrettichwurzel wie auch die Blätter der Pflanze ergeben einen Tee, für den man 300 g Kraut und in kleine Stücke geschnittene Wurzeln auf 10 l Wasser braucht. Es lohnt sich, diesen Tee bei der Bekämpfung von Monilia zu versuchen.

Wermut

Von Blüten und Blättern der Pflanze benötigt man ungefähr 300 g (30 g getrocknetes Kraut) für 10 l Wasser.

Der Tee wird gegen Milben über die Pflanze gespritzt. Er kommt vor allem bei Brombeeren und Erdbeeren zum Einsatz.

Weitere Hausmittel für die Gartenapotheke

Schmierseife

Sie war lange ganz aus der Mode gekommen, verdrängt von allerlei Putz- und Waschmitteln, die sich jedoch allesamt als schädlich für eine gesunde Umwelt erwiesen haben. So ist der Umgang mit der Schmierseife in den Haushalten allmählich wieder selbstverständlich. Auch für das Großreinemachen im Garten, sprich bei der Bekämpfung von Blattläusen, leistet sie gute Dienste. Die Lösung ist noch dazu ganz einfach zuzubereiten. Man löst 200–250 g Schmierseife in 10 l kochendem Wasser auf und spritzt die Flüssigkeit ohne jede Verdünnung auf die von Blattläusen bedrohten Pflanzen. Das Mittel kann je nach Bedarf das ganze Jahr über gespritzt werden.

Nach Möglichkeit sollte man bei der Bereitung aber Regen- oder wenigstens abgestandenes Wasser verwenden.

Spiritus

Brennspiritus kann man wie Schmierseife bei Blattlausbefall einsetzen. Man kann ihn aber auch unter die oben beschriebene Schmierseifenlösung mischen (auf 10 l ½ l Spiritus) und macht diese damit noch wirkungsvoller.

Molke

Bei der Herstellung von Butter oder Quark ist Molke ein Abfallprodukt, das man mit Wasser im Verhältnis 1:1 verdünnt und zur Behandlung der pilzkranken Tomatenpflanzen verwendet. Sie danken es durch üppigeres Wachstum.

Sägemehl

Wer nicht das Glück hat, einen Igel oder noch besser eine ganze Igelfamilie in seinem Garten zu beherbergen, der sollte um die durch Schneckenfraß besonders gefährdeten Pflanzen einen Ring aus Sägemehl streuen. Es bleibt an dem klebrigen Bauch der Schnecken hängen und wird deshalb von ihnen gemieden.

Bier

Auch Bier hat sich als probates Mittel im Kampf gegen die Schnecken erwiesen. Man »baut« eine Bierfalle, indem man einen Pappbecher in einem Beet mit von Schnecken bevorzugten Pflanzen so eingräbt, daß der obere Rand gerade noch in der Erde steckt, und füllt Bier hinein.

Die neugierigen Schnecken nähern sich und fallen reihenweise in die Falle.

Register